Bei uns in Oberfranken

Lilo Schröder
Horst Schröder

Bei uns in Oberfranken

Lebendige Bräuche
Frohe Feste · Seltene Berufe

Druckhaus Bayreuth

2. Auflage 1991

Gestaltung: Hartmut Erdle

Gesamtherstellung: Druckhaus Bayreuth

ISBN 3-922808-11-5
Printed in Germany

Vorwort

Seit fast 20 Jahren durchfahren und vor allem durchwandern wir unsere herrliche, abwechslungsreiche oberfränkische Heimat. Da wir nicht malen können, haben wir alles für uns Schöne und Interessante auf bequeme Art und Weise im Bild festgehalten. Wir haben es fotografiert.

Nach Jean Paul ist ja die Erinnerung das einzige Paradies, aus dem wir nicht vertrieben werden können. Auf unseren Bildern haben wir manches Stückchen Erinnerung festgehalten: Landschaft, Burgen, Mühlen, verträumte dörfliche Idylle, Höhlen, Versteinerungen, Blumen, Tiere, aber vor allem die Menschen bei der bäuerlichen Arbeit, bei seltenen Handwerkstätigkeiten, in schönen Trachten und besonders bei Bräuchen und Festen. Gerade in den letzten Jahren sind diese heimatbezogenen Dinge wieder – wie man neuerdings „gut deutsch" sagt – „in".

Vieles bereits Ausgestorbene, Vergessene wurde hervorgekramt, wieder neu belebt, aufpoliert, romantisiert und oft für Fremdenverkehrszwecke werbewirksam eingesetzt.

Wenn man sich heute noch mit lebendigem Brauchtum beschäftigt, gerät man in einen Zwiespalt. Auf der einen Seite die Liebe zum Überlieferten, das oft in Jahrhunderten, manchmal in Jahrtausenden gewachsen ist. Auf der anderen Seite stellt man fest, daß alles, was heute noch als Brauch gilt, meistens seinen ursprünglichen Sinn in unserem „aufgeklärten", flüchtigen, konsumfreudigen Fernsehzeitalter bereits verloren hat. Die Voraussetzung für Bräuche sind feste soziale, religiöse, meist bäuerliche Lebensgemeinschaften. Viele Bräuche begleiteten früher den Bauern durch das ganze Leben: bei Geburt, Hochzeit und Tod, bei der schweren Arbeit, an Feiertagen und Festen. Rituale und Feste teilten das Jahr in überschaubare Abschnitte.

Bräuche wurden von Generation zu Generation weitergegeben, manche in ihrer ursprünglichen Form, andere wurden verändert und neuen Verhältnissen, neuen Ein- und Ansichten angepaßt. In den letzten Jahren scheint sich die bäuerliche Gemeinschaft grundlegend zu wandeln. Das Zusammenleben in der Familie, in der Dorfgemeinschaft ebenso wie die Denk- und Lebensweise im Industriezeitalter, hat sich auf der Grundlage neuer Arbeitsmethoden stark verändert, und nicht immer zum Guten. So manchem Brauchtum und Handwerk wurde dadurch die Grundlage entzogen.

Manche Bräuche wurden so modernisiert, wieder andere sind neu und nur als „Gaudi" und Volksbelustigung gedacht.

Von Rodach bis Neunkirchen am Brand, von Wunsiedel bis Bamberg haben wir uns bemüht, alles, was an Bräuchen noch existiert, aufzuspüren. Tausende von Kilometern sind wir gefahren, haben hunderte von Filmen verknipst und Leute befragt; wir haben aufgeschrieben und zusammengetragen, was es zu finden gab.

Wenn Bauern nach Bräuchen in ihrer Gegend befragt werden, geben sie meist eine negative Antwort. Erst bei hartnäckigem Nachbohren wurden wir dann doch noch fündig. „Ja dees, dees giebts bei uns aa nuuch" ist dann die Antwort.

Die Bräuche und bunten Feste gehören zu ihrem täglichen Leben und sind für sie eigentlich nichts Besonderes, nur das, was sie früher schon immer waren: verzierende Wegemarken im bäuerlichen Jahresablauf. Sie sind Selbstverständlichkeiten, die ihnen erst so richtig bewußt werden, wenn sie nicht mehr existieren. Mancher modern eingestellte Landwirt denkt voll Wehmut an die arbeitsreiche, aber doch viel geruhsamere „gute alte Zeit" zurück. Wer behauptet, daß alte Bräuche und „umständliche" Handwerksberufe ein alter Hut seien, daß dies alles überholt sei und nicht mehr in unser Atom- und Umweltvernichtungszeitalter passe, mag leider recht haben. Seltsam ist nur die Anziehungskraft, die diese alten Feste und Bräuche nach wie vor, ja zunehmend genießen.

Ob Lichterfest in Pottenstein, Fasalecken in Effeltrich, Schubkarrenrennen, Osterbrunnen, Kerwa-Umzüge, Kürbisfest, ob Brotbacken, Schanzenbinden oder Korbflechten usw. usw.; die Zahl der nostalgiesüchtigen Zuschauer steigt von Jahr zu Jahr.

In unserer „aufgeklärten" Zeit, wo alles nur auf Konsum, Fortschritt und Technik ausgerichtet ist, der Blick nur starr das gesteckte Ziel sieht, findet plötzlich das Zurückliegende, fast Vergessene, die scheinbare Ruhe und Gemütlichkeit, die Zeit der vergangenen Generationen neue Anhänger.

In nachempfundenen Rockenstuben werden Spinnkurse abgehalten. Bauernbrot, das in halbverfallenen Backofenhäuschen gebacken wurde, schwarzgeräucherter Bauernschinken, hausgebrannter Schnaps finden selbst bei sparsamen Zeitgenossen sogar zu überhöhten Preisen reißenden Absatz. Handgeflochtene Backschanzen und Körbe, fachmännisch gebundene Reisigbesen, direkt vom Korbflechter oder Besenbinder gekauft, vermitteln dem von der unpersönlichen, fabrikmäßigen Produktion gesättigten Käufer eine persönliche Beziehung zu einem oft gar nicht benötigten Gegenstand.

Aus unseren Fotografien haben wir die nach unserer Meinung aussagekräftigsten Dias ausgewählt; aus eigenen Notizen, Zeitungsberichten und einschlägiger Literatur haben wir einen erklärenden Text verfaßt, einen Brauchtumskalender zusammengestellt, und mit Hilfe eines verständnisvollen Verlegers entstand dann der vorliegende Bildband.

Vielleicht trägt er zur Erhaltung, Belebung, vielleicht sogar zu mancher Erneuerung des oberfränkischen Brauchtums bei. Zu wünschen wäre es, denn unsere vielen alten Bräuche, heiteren Feste, einmaligen Trachten, ja unser ganzes wunderschönes Oberfranken sind durchaus konkurrenzfähig mit anderen „aufdringlicheren", fernsehgerechteren und werbewirksameren Regionen.

Lilo und Horst Schröder

P. S.

Noch eine Bitte in eigener Sache:
Wir sind jedem herzlich dankbar, der uns mitteilt, wo noch irgendwelche – hier nicht erwähnte – Bräuche und Feste, alte Handwerksberufe und andere oberfränkische Besonderheiten existieren.

Fronleichnamsprozession in Effeltrich

Januar
Februar

Januar muß vor Kälte knacken,
wenn die Ernte gut soll sacken.

Wenn's im Februar nicht friert
und schneit, kommt der Frost
zur Osterzeit.

Alle Monate im ganzen Jahr
verwünschen einen schönen Februar.

Februar spricht zum Januar:
„Hätt' ich die Macht so wie du,
erfröre das Kalb in der Kuh."

Knarrt im Januar Eis und Schnee,
gibt's gut' Ernt', viel Korn und Klee.

Kommt der Frost im Januar nicht,
zeigt im März er sein Gesicht.

Lichtmeß im Klee,
Ostern im Schnee.

Mattheis bricht's Eis, (24. 2.)
hat es keins,
so macht er eins.

Wenn im Februar die Mücken schwärmen,
muß man im März die Ohren wärmen.

Wenn's an Lichtmeß stürmt und schneit,
ist der Frühling nicht mehr weit.

„Fitzeln" in Gößweinstein

In Gößweinstein lebte bei der 900-Jahr-Feier ein alter Brauch, das Fitzeln oder Pfeffern, wieder auf. Andernorts heißt er auch dengeln, fetzeln oder kindln. Der Pfefferleins- oder Fitzeltag war früher der 28. 12., der „Unschuldige Kindleins-Tag", oder der 1. Januar, Neujahr. Gepfeffert wurde mit frischen Zweigen und Ruten, welche mit bunten Bändern geschmückt waren.

Die Gößweinsteiner Schuljugend fitzelte die Beine der vielen oft überraschten, meist verständnis- und erinnerungsvoll lächelnden, aber auch unwilligen Kirchenbesucher. In früheren Zeiten war das Pfeffern ein weit verbreiteter oberfränkischer Brauch. Die Gefitzelten betrachteten es als Ehre und Glück, geschlagen zu werden, und gaben dafür Geld, Gebäck und andere kleine Geschenke. Sollte dieses symbolische Streichen mit der Lebensrute doch Gesundheit, neue Lebenskraft bringen, erhöhte Fruchtbarkeit erzielen. Oft wurden auch die Tiere im Stall, sogar die Obstbäume im Garten gepfeffert.

Ursprünglich wurde bei diesem Brauch der nackte Körper, besonders das nackte Hinterteil, geschlagen, später dann die nackten Hände und die Beine. Man kann sich ja vorstellen, daß bei solch deftigem Brauch die männlichen Pfefferer manchen oft groben Unfug mit den weiblichen Dorfbewohnern anstellten. In den Plassenburger Archiven gibt es eine Polizeiordnung von 1599, welche das Kindln oder Dengln verbot. „. . . zu Weihnacht getrieben wird, da die großen und starken Knecht den Leuten in die Häuser laufen, die Mägde und Weiber entblößen und mit Gerten und Ruten hauen" (aus „Weihnacht in Franken" v. Karlheinz Goldmann).

Die Sprüchlein, die beim Pfeffern aufgesagt wurden, sind von Ort zu Ort verschieden. Hier eine kleine Auswahl:

Fitzel, Fitzel, Stengel
bist schöner wie a Engel,
bist so schö wie Milch und Blut;
wenn i di o'schau,
bin ich dir gut.

oder:

Da komm ich hergetreten
mit meiner Pfeffergerten,
mit frischem, frohem Mut,
schmeckt der Pfeffer gut?
sauer oder süß
g'salzn oder g'schmalzn.

oder:

Liebe Leut, ich fitzel euch,
auf daß ihr selig werd und reich,
auf daß ihr habt in ärgster Not
im Alter noch a Stückla Brot.
Dem Hausstand bring ich Glück und Segen,
doch tut ma a des Mitleid pflegen;
etzt gebt ma was von eurem Glück,
Der Herrgott gibt's euch doppelt zurück.

Lichterfest in Pottenstein

Die Lichterprozession in Pottenstein und Obertrubach

Am 6. Januar wird in Pottenstein die feierliche Prozession zum Abschluß der „Ewigen Anbetung" durch ein stimmungsvolles Lichterfest gekrönt. Die „Ewige Anbetung" in Pottenstein wurde 1759 von Bischof Adam Friedrich angeordnet. Die heutige Form der Abschlußprozession mit Lichterfest besteht seit dem neunzehnten Jahrhundert.

Von der Jugend wird schon Tage vor dem 6. Januar Holz gehackt und auf den Höhen und Felsen um Pottenstein zu kleinen Scheiterhaufen aufgeschichtet. Tausende von Zuschauern finden sich dann am Dreikönigstag in dem malerischen Jurastädtchen mit Bussen und Autos ein. Die Häuser erstrahlen im Schein elektrischer Lämpchen und vieler brennender Kerzen. Bunt beleuchtete Triumphpforten und geschmückte Heiligenfiguren an den Häusern erhöhen noch den festlichen Charakter. An einem langen Stahlseil, das von Fels zu Fels gespannt ist, schwebt hoch über dem Haselbrunner Tal ein beleuchtetes Kreuz. Aus Glühbirnen wurde die Form eines Rosenkranzes an einer Felswand östlich der Burg installiert.

Gegen 17 Uhr beginnen die Glocken der St.-Bartholomäus-Kirche zu läuten. Die Gläubigen formieren sich nach dem Anbetungsgottesdienst zur Prozession. Vereine, die Freiwillige Feuerwehr, die Stadtverwaltung und Fahnenträger umrahmen den Pfarrherrn mit dem Allerheiligsten.

Langsam bewegt sich der Prozessionszug durch das festliche Bilderbuchstädtchen. Getragene Posaunenklänge, religiöser Gesang und das melodische Glockengeläute vermischen sich zu einer frommen, feierlichen Symphonie, die, mal lauter mal leiser, zu den Tausenden von Zuschauern auf die umliegenden Höhen hinaufweht.

Nun beginnt auf den Felsen und Berghängen ein geschäftiges Treiben. Fackelträger ziehen feurige, funkensprühende Streifen in die nächtliche Winterlandschaft, eilen von Holzstoß zu Holzstoß und entzünden in wenigen Minuten die weit über tausend Höhenfeuer. Ein zauberhaftes, unwirkliches Lichtermeer erhellt den tiefverschneiten Pottensteiner Talkessel und läßt wohl auch den abgebrühtesten Zeitgenossen die Berühmt- und Beliebtheit dieses Lichterfestes verstehen.

Überall steigen jetzt bunte Raketen in den nachtdunklen winterlichen Himmel. Bengalische Feuer lassen die ohnehin malerische, auf steilem Fels thronende Burg in märchenhaften roten und grünen Farben erstrahlen. Bei günstigem Wetter, wenn Landschaft, Städtchen und Burg tief verschneit sind, wird wohl jeder etwas romantisch veranlagte Mensch ein beeindruckendes, unvergeßliches Erlebnis mit nach Hause nehmen.

In ähnlicher Weise feiern die Obertrubacher am 3. Januar ihre Lichterprozession.
Hier werden ölgetränkte Sägespäne in Blechbüchsen gefüllt und daraus regelrechte Figuren in den Schnee gebaut. Ein Kelch, ein Kreuz oder Rosenkranz und viele geordnete Lichtpunkte verzaubern dann die umsäumende Landschaft.

Wem der alljährlich zunehmende Trubel des Pottensteiner Lichterfestes nicht mehr so recht zusagt, der sollte einmal am 3. Januar nach Obertrubach fahren. Allein ist er zwar dort auch nicht, aber die Zuschauerzahl hält sich in Grenzen. Und vor allem, Obertrubach kann durchaus mit dem Lichterfest in Pottenstein konkurrieren.

Lichterfest in Obertrubach

Sternsinger in Püttlach

Der 6. Januar, Heiligdreikönig

Das Fest Epiphanias, d. h. Fest der Erscheinung Gottes, ist nach Ostern das älteste Fest der Christenheit.

Früher feierte man an diesem Tage das Neujahrsfest; deshalb heißt es bei uns mancherorts heute noch Großneujahr, Hochneujahr, der Oberste.

Jeder Oberfranke wird sich traditionsgemäß an diesem Tage mit Alkohol die Kraft und die Gesundheit, die sogen. Stärke für das neue Jahr antrinken.

An diesem Dreikönigstag weiht die katholische Kirche Wasser, Weihrauch und Kreide. Daheim werden dann die geweihten Dinge bei der Haus- und Stallweihe benutzt.

Dieser alte Brauch ist aus dem vorchristlichen Brauchtum der Rauhnächte, oder auch Rauchnächte entstanden. Die wilde Jagd der Geister und Dämonen sollte durch Lärm, Ausräuchern und mit Kreide gemaltem Schutzzauber vertrieben werden. Wie mancher andere heidnische Brauch wurde auch dieser vom Christentum umgewandelt und übernommen.

In vielen oberfränkischen Ortschaften, vor allem in der Fränkischen Schweiz (Püttlach, Hohenmirsberg, Waischenfeld) sind am Dreikönigsabend die Sternsinger, die „Heiligen Drei Könige" unterwegs. Es war ursprünglich ein Heischebrauch der Armen. Heute machen meist Ministranten die Sternsinger und verwenden die Gaben für einen guten Zweck.

In Hohenmirsberg und Püttlach trafen wir Buben, mit festlichen Meßgewändern bekleidet, die von Haus zu Haus mit Weihrauchkessel, beleuchtetem Stern und Gabenbüchse zogen und nach Vortragen von Versen und Liedersingen mit geweihter Kreide ihr 19 + K + M + B + 82, oder auch 1-K-9-M-8-B-2, an die Haus-, Stuben- und Stalltüren malten. Gedeutet wurden diese drei Buchstaben als die Anfangsbuchstaben der Hl. Drei Könige. Nach christlichem mittelalterlichem Volksglauben wird es als „Christus Mansionem Benedicat" (Christus segne dieses Haus) gedeutet.

Morgenstimmung an der Wiesent bei Waischenfeld

2. Februar – Mariä Lichtmeß

Am 2. Februar wird in den katholischen Kirchen „Mariä Lichtmeß" gefeiert.

Aus dem Tag der Erinnerung an die Darstellung Jesu im Tempel wurde im Laufe der Zeit ein Mariengedenktag. Man nannte den Tag „Mariä Reinigung".

Seit dem 5. Jh. wird eine Lichterprozession und seit dem 10. Jh. eine Kerzenweihe durchgeführt.

Heute werden an diesem ersten Marienfesttag des Jahres in der Kirche die Osterkerzen, die Wetterkerzen und andere das Jahr über benötigte Kerzen geweiht. Sie sollen vor Krankheit, Tod, Blitz- und Hagelschlag schützen.

Auf dem Lande war Lichtmeß ein wichtiger Lostag für die Bauern, ja ist sogar heute noch ein halber Feiertag.

Früher durfte an diesem Tag kein Flachs mehr am Spinnrocken hängen und an Lichtmeß sollte ausgedroschen sein.

Bis Neujahr wächst das Jahr einen Hahnentritt, bis Dreikönig einen Hirschsprung und bis Lichtmeß eine ganze Stunde. Die meiste Arbeit kann jetzt wieder bei Tageslicht verrichtet werden. „Lichtmeß, die Herrn bei Tag eß!"

Das bäuerliche Arbeitsjahr begann und endete am Lichtmeßtag. Die Mägde und Knechte erhielten an diesem Tag ihren Jahreslohn. Dienstboten wurden eingestellt oder entlassen. Wenn ein Bauer zum Knecht sagte: „Wir zwa machen Lichtmeß", so bedeutet das die Kündigung des Arbeitsverhältnisses.

In das damals übliche Dienstbotenbüchlein schrieb der Bauer ein Zeugnis. Einer nicht übermäßig tüchtigen Magd soll ein verschmitzter oberfränkischer Bauer folgendes Zeugnis in ihr Büchlein geschrieben haben:

Zum Spinnen war sie net viel nutz,
oba doch zum Waafn (Plaudern, Ratschen).
Wasch'n (klatschen) hot sa scho kennt,
oba ohne Saafn (Seife).
Ehrlich und treu wär sie mir gwest,
wenn ich nur alles recht fest zugsperrt hätt.

In Bayreuth wird noch jährlich ein Lichtmeßmarkt abgehalten.

3. Februar – Blasiussegen

Der Bischof Blasius der armenischen Stadt Sebàste (um 300) soll vor seiner Bischofswahl eine ärztliche Praxis ausgeübt haben. Wegen seiner Christustreue wurde er eingesperrt. Der Legende nach soll er im Kerker einen an einer Fischgräte erstickenden Knaben geheilt haben. Er starb wahrscheinlich im Jahre 316 als Märtyrer und wurde später heiliggesprochen.

Im Orient wurde der Hl. Blasius bereits im 6. Jh. als Fürsprecher gegen Halsleiden angerufen. Seit dem 14. Jh. erscheint er als einer der 14 Nothelfer, und seit dem 16. Jh. ist die Erteilung des Blasiussegens nachgewiesen.

An diesem Blasiustag lassen sich viele Gläubige „blaseln", d. h. der Priester hält zwei gekreuzte Kerzen an den Hals, spricht dazu den Blasiussegen und ruft die Fürbitte des St. Blasius gegen Halskrankheiten an.

In vielen katholischen oberfränkischen Gemeinden wird dieser Blasiussegen erteilt, meist bereits am Lichtmeßtag (2. Februar).

Bayreuther Lichtmeßmarkt

Blasiussegen in Poppendorf

Der Karlstag in Gefrees

Jedes Jahr am 28. Januar, dem Geburtstag Karl des Großen (i.J. 742), wird in der Gastwirtschaft Karl Lochmüller in Gefrees (nördl. v. Bad Berneck) der Karlstag begangen.

Der alte Brauch, den Namenstag aller Karls gemeinsam zu feiern, hat sich in dem Städtchen fast ein dreiviertel Jahrhundert bis auf den heutigen Tag erhalten.

Wenn auch die blaublütigen Charles, Carlos und Carl Gustav's aus England, Spanien und Schweden dem Treffen fernbleiben, so kommen doch fast sämtliche einheimischen „Korla" aus der Stadt Gefrees und der engeren und weiteren Umgebung. Hier in Gefrees, weit ab von großer Politik und Weltgeschichte, werden alte Freundschaften wieder aufgefrischt, neue geschlossen. Die Namensvettern feiern mit ihren Frauen gemütlich bei Musik und humoristischen Einlagen ihren Namenstag.

Fastnacht

In der Bayreuther Gegend ist bestimmt noch manchem folgender alter Vierzeiler bekannt:

Lustig ist die Fosanacht,
wenn mei Murra Kiechla backt,
wenn sa oba kaana backt,
no pfeif i auf die Fosanacht.

Als Fastnachtsgebäck finden wir heute noch die gefüllten Krapfen und vor allem die Brezeln. Die Brezelform soll das Sonnenrad versinnbildlichen und Überbleibsel der heidnischen Julzeit sein. In Weidenberg, Bad Berneck und Creußen werden in der Faschingszeit in den Wirtshäusern „Brezenwochen" abgehalten. Zu röschen Brezeln und kräftigen Brotzeiten wurde früher das hausgebraute Bier ausgeschenkt.

Weidenberger Altweibermühle

Zur Fastnacht gehören Maskerade, Musik, Lärm und in Weidenberg die Altweibermühle. Von kräftigen Bubenfäusten werden die als alte Frauen verkleideten Mädchen oben kopfüber in die Mühle gesteckt, um dann zur Gaudi der vielen Zuschauer unten beim Mühleneingang in junge Mädchen verwandelt wieder herauszukommen.

Fasalecken in Effeltrich (Vosaleggn)

Am Faschingssonntag ist in Effeltrich ein ganz besonderer Faschingsumzug. Hier treiben weißgekleidete, mit hohen Blumenhüten geschmückte Gestalten peitschenknallend fünf Strohbären durch die Dorfstraßen. Die unbeholfenen, strohumwickelten Ungetüme begleitet ein Bärentreiber im Schaffellmantel. Am Gürtel baumelt ihm ein riesiger, roher Knochen, und ein breitrandiger, alter Hut, mit langer Gänsefeder geschmückt, beschattet sein Gesicht.

Die blütenverzierten Frühlingsboten vertreiben mit ihren Peitschen, symbolisch den Lebensruten, unsichtbare Geister und den in Strohbärengestalt auftretenden Winterdämon. Nach dem Umzug fährt alles zum nahen Baiersdorf, um dort die Strohbärenhüllen zu verbrennen. Die blumengeschmückten Fasalecken umtanzen mit ihren Mädchen das Feuer, und mancher der demaskierten „Strohmänner" wagt den Sprung über den schnell verbrennenden „Winter".

Auch in Unterrodach bei Kronach treiben am Faschingsdienstag ein Strohbär, ein Bärentreiber, Harmonikaspieler und einige Phantasiegestalten ihr Unwesen.

Die „Vosaleggn" von Effeltrich

Schubkarrenrennen in Busbach

Früher war der Schubkarren das meistgebrauchte Fahrzeug im Dorf. Dieses „Einrad“ mit seinen vielen Verwendungsmöglichkeiten hat heute fast ausgedient, ist oft vergessen und altes Gerümpel. Einige sind aus Scheunen und Holzlegen hervorgekramt worden, stehen buntbemalt und zweckentfremdet als Blumenständer in den Vorgärten.
Sechs dieser früher unentbehrlichen Transportmittel sind alljährlich am Faschingsdienstag beim Schubkarrenrennen in Busbach zu bewundern.
Von der Rennleitung wird genau darauf geachtet, daß die meist maskierten „Schiebrenner“ die drei querliegenden Hölzer bei ihrer wilden Fahrt durch die Ortschaft nicht verlieren.

Faschingszüge in Willenreuth, Elbersberg und Töpen

Die Faschingszüge in Willenreuth und Elbersberg auf der Hochfläche der Fränkischen Alb sind mit je drei Wagen bestimmt eine Besonderheit. Wesentlich aufwendiger und kilometerlang ist der Faschingszug in Töpen bei Hof. Diese Attraktion des Zonenrandgebietes findet aber nur alle zwei Jahre statt.

Der Strohbärenumzug

In Baiersdorf wird der „Winter" verbrannt

Fastnachtsbeerdigung in Bad Berneck

In Bad Berneck im Fichtelgebirge veranstaltet jedes Jahr am Aschermittwoch die „Faschingsgesellschaft der Wikinger" die Beerdigung des Faschings.

Hinter einer auf einem Wagen aufgebahrten Puppe heulen und weinen die Narren und ziehen dann zur Ölschnitz zum Geldbeutelwaschen.

Früher wurden kirchliche Handlungen öfter mal von der Dorfjugend nachgeahmt, meist in kleinen Ortschaften ohne Pfarrer. Doch lag in der Absicht der Burschen sicher nichts Kirchenfeindliches.

Aschermittwoch

Die Fastenzeit beginnt am Mittwoch nach dem Faschingsdienstag. Leintücher verhüllen die glitzernde Pracht der Altäre, wenn die Gläubigen am Aschermittwoch zur Frühmesse kommen. Das „Hungertuch hängt" – die Zeit des Büßens und Fastens ist angebrochen. Der Ausspruch „am Hungertuch nagen" soll von diesem Brauch kommen.

Heute beginnt noch immer der Aschermittwoch mit dem „Einascherln". Der Geistliche zeichnet jedem Besucher ein Aschenkreuz auf die Stirn: eine Mahnung an die Vergänglichkeit alles Irdischen. Die Asche, ein Produkt des Feuers, enthält nach alter Denkweise reinigende, läuternde Kraft. Sie sollte von den verbrannten Palmzweigen des vorjährigen Palmsonntags stammen.

„Arma Christus"

Nahe Niedermirsberg, bei Pottenstein, in Mainroth, Kirchenbirkig und in Tüchersfeld stehen auffallende, mit den Leidenswerkzeugen verzierte „Arma-Christus-Kreuze".

Im Volksbrauchtum werden die Passionswerkzeuge als Symbole des Leidens Christi verehrt. Sie sind ganz unterschiedlich. Neben der Dornenkrone, dem flammenden Herz, den durchbohrten Händen und Füßen, dem Schweißtuch Veronikas, sollen die Martergeräte: Hammer, Zange, Schwamm, Speer, Geißel u. a. an die Leiden des Herrn erinnern und Mitgefühl für den geschundenen „armen Christus" erwecken.

„Arma Christus" in Tüchersfeld

Postreiter von Spänfleck

Eine von mancher deutschen Zeitung gewürdigte Besonderheit war der letzte Postreiter von Spänfleck.

Ein Postbeamter in Uniform verteilte für das weitverstreute Spänflecker Postgebiet die Post hoch zu Roß.

Im September 1973 wurde die Poststelle aufgelöst, und so erinnert heute nur noch eine vielbesuchte Gastwirtschaft, „Der letzte Postreiter", an diese einmalige oberfränkische Postbeförderung.

Honigmarkt in Bamberg

Keine Faschingsbelustigung, sondern ein Feilbieten von süßem Bienenfleiß ist der in Bayern einmalige, traditionelle Honigmarkt am Faschingsdienstag in Bamberg.

Auf dem Maxplatz werden bei oft recht frostigem Winterwetter die Erzeugnisse oberfränkischer Imker verkauft. Auf kleinen Tischen stehen kunstvoll aufgebaute Pyramiden aus fachmännisch beschrifteten Honiggläsern und -dosen.

Einige wenige verkaufen ihren Honig aus großen Eimern und anderen Blechgefäßen. Mit einem Holzlöffel wird die in der Sonne bernsteinfarben leuchtende, süße Köstlichkeit geschickt in die mitgebrachten Gläser der Kunden gefüllt.

Eine Imkerin aus Steinfeld bei Ebrach verkauft ihre jährliche Honigernte seit 35 Jahren hier am Faschingsdienstag. Mit dem Schlitten, wie ihr Großvater es tat, wird allerdings heute niemand mehr den weiten Weg zum Honigmarkt nach Bamberg fahren.

Honigmarkt in Bamberg

Postreiter von Spänfleck

Osterfeuer in Poppendorf

März
April

Wenn der März den Wind bringt,
und der April Regen streut,
so folgt ein Mai, der das Herz erfreut.

Säest du im März zu früh,
ist es oft vergebene Müh.

Schreien die Frösche vor Georgi (23. 4.),
müssen sie nach Georgi schweigen.

Auf Aprilflöckchen
folgen Maiglöckchen.

Ein grüner März
erfreut kein Bauernherz.

Märzenferkel, Märzenfohlen
haben alle Bauern wollen.

Bauen schon im April die Schwalben,
gibt's viel Futter, Korn und Kalben.

Wenn der April bläst in sein Horn,
so steht es gut um Saat und Korn;
ist er aber schön und rein,
braucht der Mai sich nicht zu freun.

Quaken die Frösche vor St. Mark (25. 4.),
friert's im Mai oft bis ins Mark.

Aprilwetter und Kartenglück,
wechseln jeden Augenblick.

Schnurrt der Maikäfer im April,
machen Maienfröst ihn still.

Alte Karfreitags-Ratschen

Josefstag, 19. März

Die wandernden Handwerksburschen in schwarzem Manchestersamt und ausgestellter Hose mit breitkrempigen Hüten und dem Bündel am Rücken sieht man nur noch selten. Die malerischen Gestalten mit dem kragenlosen Hemd, der „Staude" und dem geschlungenen Bändchen, der „schwarzen Ehrbarkeit" gehörten der ältesten Handwerkszunft, den Zimmerleuten, an.

Früher mußte jeder rechtschaffene Handwerksgesell auf die „Walz". Er mußte drei Jahre und einen Tag außerhalb seines Heimatorts arbeiten, aber nicht länger als zwei Monate an ein und demselben Arbeitsplatz.

Eltern, Geschwister, Freunde und die Freundin durften nur außerhalb der „Bannmeile" getroffen werden, denn die Wanderburschen durften sich ihrem Heimatort auf höchstens 50 km nähern.

Ein besonderes Kennzeichen dieser fahrenden Gesellen war der Ring im Ohr. Bei nicht „standesgemäßem" Verhalten wurde vom Zunftmeister der Ring aus dem Ohrläppchen gerissen und der „Hallodri" war ein sogen. „Schlitzohr".

Am 19. 3. jeden Jahres, am Josefstag, treffen sich in einem Gasthof in Pottenstein die Zunftangehörigen der Maurer und Zimmerleute. Dieser mittelalterliche Brauch, das traditionelle Treffen in der „Herberge", wird hier in Pottenstein seit Jahrhunderten gepflegt. Vor der Zusammenkunft und dem anschließenden Essen gedenken die Zunftmitglieder in der Stadtpfarrkirche mit einer Messe ihrer verstorbenen Kollegen.

Palmsonntag

Besonders in den ländlichen oberfränkischen Gebieten feiert an Ostern altüberliefertes Brauchtum Auferstehung.

Keine andere Woche ist so reich an Bräuchen wie die „heilige Woche", die Karwoche (von Althochdeutsch Kara = Trauer, Weheklagen).

Sie beginnt mit dem Palmsonntag. Nach dem Evangelium ist Christus auf einem Esel in Jerusalem eingezogen, von seinen Anhängern freudig mit geschwenkten Palmwedeln begrüßt.

Bei uns in Oberfranken läßt man in vielen Ortschaften an Palmsonntag die „Palmkätzchen", „Palmbätzala", die Weidenkätzchen weihen. Ein Zweig von diesen geweihten „Palma" kommt in den Herrgottswinkel, ein anderer gegen Blitzschlag auf den Dachboden.

In Pottenstein zieht eine Prozession von der Gottesackerkapelle in die Stadtpfarrkirche.

Eine Besonderheit in Tiefenpölz ist der hölzerne Palmesel, der dort bei der Palmsonntagsprozession mitgeführt wird.

Nahe bei der Kirche liegen unter einem Kruzifix Weidenkätzchen; sie werden vom Priester gesegnet und anschließend von den Dorfbewohnern in kleinen Sträußen mitgenommen.

Zimmermannstracht

Palmsonntag

Fußwaschung am Gründonnerstag

Am Fuße der Hohenmirsberger Platte duckt sich das Dörflein Poppendorf in die Wiesen und Felder. Nur der charakteristische hohe, spitze Turm der Kirche überragt die roten Dächer.

In diesem schönen Gotteshaus wird beim Gründonnerstagsgottesdienst ein alter kirchlicher Brauch praktiziert: die Fußwaschung. Zwölf auserwählten Gemeindemitgliedern werden während des Gottesdienstes vom Geistlichen und den Ministranten die Füße gewaschen. Anschließend bewirtet der Pfarrer die „zwölf Apostel" im Pfarrhaus; symbolisch, wie es Christus beim letzten Abendmahl an seinen Jüngern getan hat.

Dieses kirchliche Ritual war früher am päpstlichen Hof, an einigen Fürstenhöfen und in den Klöstern üblich. Heute wird diese schöne, feierliche Handlung meist in Bischofsstädten an den zwölf ältesten Bistumsbewohnern, deren gemeinsames Alter oft über 1000 Jahre zählt, vom Oberhirten, dem Bischof, vorgenommen.

Gründonnerstag

Viel „Grünes" soll nach alter Sitte das Mittagessen am Gründonnerstag enthalten, und für viele Familien gilt er heute noch als der Tag der grünen Speisen.

Wenn auch keinen Brei aus „neunerlei Kräutlein", so gibt es doch in Oberfranken „frisches Grün" wie z. B. Feldsalat, die „Rewinzela", Spinat oder Brunnenkresse als vitaminreiches Gründonnerstagsessen.

Karfreitag

Der Karfreitag ist der höchste evangelische Feiertag. Früher achtete die Obrigkeit streng darauf, daß kein unnötiger Lärm die Trauer über den Tod Jesu Christi störte. Manches Dorf wirkte an diesem „schwarzen Freitag" wie ausgestorben.

In katholischen Kirchen waren an diesem Tag die Altäre verwüstet, Leuchter umgelegt und die Bilder und Kreuze mit dunklen Tüchern verhängt.

Nur noch vereinzelt ist in oberfränkischen Kirchen am Karfreitag ein „Heiliges Grab" am Altar aufgebaut (Gügel bei Scheßlitz, Michelsberg in Bamberg). Eine blumengeschmückte, liegende Christusfigur veranschaulicht den Leichnam Gottes. Früher ergänzten bemalte Kulissen, Figuren von Engeln und Grabwächter diese bildhafte Darstellung.

Das Ziel vieler Karfreitagsausflügler ist heute noch das Heilige Grab in der Adelgundiskapelle am Staffelberg. Im Jahre 1751 schuf der Eremit Jakob Heß dieses vielbesuchte Werk barocker Volksfrömmigkeit. Es ist stufenförmig mit beweglichen Figurengruppen gebaut und füllt die ganze hintere Seite der Staffelbergkapelle aus.

Im unteren Teil, der „Vorhölle", warten die „Seelen der Gerechten" auf ihre Erlösung. Viele Engel bewachen das Felsengrab mit dem Leichnam des Herrn in der Mitte. Ausschnitte der Passionsgeschichte ziehen in bunten Bildgruppen über den guckkastenartigen Hintergrund. Das Felsengrab geht im oberen Drittel in die von Wolken angedeuteten, himmlischen Sphären über, wo Engel mit den Leidenswerkzeugen vorbeischweben.

Bunte beleuchtete Glaskugeln unterstreichen die theatralische, stimmungsvolle Veranschaulichung des Heilsgeschehens.

Nach der stillen Andacht sorgt die nahe Wirtschaft für das leibliche Wohl der vielen „Pilger".

Die berühmte Aussicht vom Staffelberg ist bei klarem Wetter ein weiterer Höhepunkt dieses Spazierganges. Viktor v. Scheffel besingt sie in seinem Frankenlied: „. . . von Bamberg bis zum Grabfeldgau umrahmen Berg und Hügel die weite stromdurchglänzte Au, ich wollt mir wüchsen Flügel."

Karfreitagsprozession in Neunkirchen a. Brand

„Heiliges Grab"

Karfreitagsprozession in Neunkirchen am Brand

Die einzige uns bekannte Karfreitagsprozession ist am südlichsten Zipfel Oberfrankens in Neunkirchen am Brand. Sie wurde bereits 1668 durch Pfarrer Kormann eingeführt und war zur damaligen Zeit eine mächtige Demonstration kirchlichen Glaubens.

Mit der Vielzahl der Darstellungen und der Prachtentfaltung früherer Zeiten kann die Prozession unserer Tage nicht mehr konkurrieren. Heute werden nur noch wenige Figuren von den Einwohnern der Pfarrei durch das schöne Städtchen getragen, u. a. Christus mit dem Kelch, am Ölberg, an der Geißelsäule, dornengekrönt und ans Kreuz geschlagen.

Wenn auch immer viele Zuschauer die Straßen des Prozessionsweges säumen, so haben die Neunkirchner doch den ernsten Sinn dieses feierlichen Umgangs bewahrt: das Leiden und Sterben Jesu Christi eindrucksvoll in Erinnerung zu bringen.

Ratschen

In der Gründonnerstagsmesse, nach dem Gloria, verstummen zum Zeichen der Trauer über den Tod Jesu Christi die Glocken. Nach dem Volksglauben fliegen sie nach Rom, um vom Papst den Segen zu empfangen.

An ihre Stelle treten uralte Lärmgeräte: die Klappern, Schlattern oder Ratschen. Die „Ratschenbubn", meist Ministranten, ziehen durch die Ortschaft und erzeugen auf den verschiedenartigsten Konstruktionen einen oft ohrenbetäubenden Lärm.

In dieser „glockenlosen" Zeit müssen sie den Stundenruf anzeigen und die Dorfbewohner zum Gottesdienst rufen. Laut ratschend ziehen die Ratschenbubn durch die Dörfer und singen oder sagen ihre Sprüchlein auf.

In Volsbach und Kirchenbirkig z. B.: „Wir verkünden euch den englischen (engelschen) Gruß, den jeder Christ jetzt beten muß."

In Hohenmirsberg: „Wir wollen zusammen in die Kirche gehen."

Am Karsamstag sammeln die Buben ihren Ratschenlohn, meist Eier, in einem großen Huckelkorb, und es wird jedem Spender lautstark „dankgeratscht".

Birkenreuther Kapelle bei Hollenberg

In der Nähe von Hollenberg, am Wege nach Willenreuth, heißt eine Stelle im Wald „Bei der alten Kirchen" oder auch „Kapelle". Der Elbersberger Pfarrchronik nach hieß diese Waldabteilung „Heiligenwald" oder auch „Heiligenholz" und eine kleine Brücke über die nahe Püttlach „Heiligensteg".

Der „Eichenbühl", wo im 15. Jh. in stiller Waldeinsamkeit die Birkenreuther Kapelle stand, soll schon unseren heidnischen Vorfahren als Opferstätte gedient haben. Reste der Einfriedung und die Grundmauern des Gotteshauses sind heute noch zu sehen. Ein viereckiger Felsbrocken, der frühere Altar, soll jener heidnische Opferstein gewesen sein.

1430 an Lichtmeß wurde hier von den hussitischen Heerhaufen ein grausiges, blutiges „Lichterfest" abgehalten. 68 Bauern und der Pfarrer verschanzten sich im Kirchlein, wurden aber von der feindlichen Übermacht überrannt, alle getötet und noch schrecklich verstümmelt. Neben der Birkenreuther Kapelle gingen Schloß Hollenberg und Schloß Elbersberg in Flammen auf.

Am Karfreitagabend ziehen die Einwohner von Willenreuth an den neuerrichteten Kreuzwegstationen vorbei zur „alten Kirche" und halten unter dem Kruzifix in den geschichtsträchtigen Mauerresten der einstigen St. Georgskapelle eine Andacht ab.

Als Abschluß klingt das uralte Lied: „Jetzt woll'n wir zu Jesu gehen . . ." durch den nächtlichen Hollenberger Forst.

Die Ratschenbuben in Aktion

Ratschenlohn

Birkenreuther Kapelle

„Tuodla naustroung" (Todaustragen) in Dörfles bei Kronach

An Lätare, an Mitfasten, dem 4. Sonntag der Fastenzeit (3. Sonntag vor Ostern) wird in Dörfles, einem Ortsteil von Kronach der Frühlingsbeginn mit dem „Tuodla naustrong" begangen.

Dieser früher weitverbreitete Brauch könnte auf die gefürchtete Pest, den „schwarzen Tod" zurückzuführen sein. Das Unheil, die Krankheit, der Tod wurden symbolisch aus dem Dorf hinausgetragen, ins Wasser geworfen oder verbrannt. Auch die Vertreibung des gestrengen Winters könnte die Grundlage dieses alten Brauches sein.

Ab 13 Uhr ziehen die Schulkinder durch die Ortschaft und singen lautstark in ständiger Wiederholung folgenden Vers: „Holla-betolla, e poa Lumpn fürs Tuodla".

Wenn auch die Kleiderspenden recht mager fließen, so hängen doch anschließend auf den beiden mitgeführten Stangen einige alte, abgetragene Textilien.

In einer alten Scheune nahe beim „Schultheißenhaus" ist das Hauptquartier der Akteure, dorthin geht's nach der kurzen Altkleidersammlung zurück.

Eine bereits vorher gebastelte, fast lebensgroße Strohpuppe erhält durch die alten Kleidungsstücke ein abenteuerliches Aussehen. Die modische Ausstattung der Puppe – „obs a Monns- oda a Weibsbild werd" – richtet sich nach dem Geschlecht des zuletzt in Dörfles Verstorbenen.

Beim früheren „Staana Haus" im oberen Dorf beginnt der Umzug. Die von einem kräftigen Burschen getragene Strohpuppe begleiten Holzsäbel schwingende Kinder. Die „Taaler" (Teiler-Verteiler), meist zwei größere Burschen, sorgen für die Zugordnung und geben die Einsätze für die rhythmischen Gesänge:
„Naus- naus- naus üba staana Haus,
üba staana Brücken,
dä Zippe (?) trächt die Stützn (Strohpuppe)".

Am südlichen Ortsende wird das „Tuodla" ans Kronachufer gelegt und mit den Holzschwertern zerstochen, gespickt (die Holzsäbel bleiben im Puppenkörper) und anschließend verbrannt. Früher wurde die Puppe in der Kronach „ertränkt".

Jetzt beginnt der angenehmere Teil des alten Brauches, die Sammelaktion der Mitwirkenden.

„Häitt me den Tuod nie nausgetroung
wäö des Dorf scho lang begroum,
holla-betolla, a poa Eier
oder an Dreier"
so klingt dann vor jedem Haus der Heischespruch der Kinder, die um ihren verdienten Lohn bitten.

In Weidenkörben werden die Naturalien, meist Eier, aufbewahrt und in Blechbüchsen das beliebtere Bargeld bis zur gerechten Verteilung der „Taaler".

Osterbrunnen in der Fränkischen Schweiz

In den wasserreichen Tälern der Fränkischen Schweiz fließt und sprudelt reichlich das kostbare, lebenswichtige Naß. Die karstigen Höhen unseres Kalkgebirges dagegen haben nur wenige Quellen, und die Brunnen sind schwer zu graben.

Früher waren Mensch und Vieh der Albhochfläche auf das Wasser des Himmels angewiesen. Die Jurabauern mauerten sich Zisternen oder gruben sogen. Hühle, um das Regenwasser auffangen zu können. (Kleinhül, Großenhül, Weidenhüll, Wohlmuthshüll, Hüll bei Betzenstein, Eichenhüll und andere Ortschaften führen das Wort „Hühl" im Namen.)

Frisches Quellwasser mußte mühsam in Butten vom Tal oft über 100 m auf die Hochfläche geschleppt werden. Ein Steig von Engelhardtsberg über die Riesenburg ins Tal heißt der „Brunnenweg", und die „Ruhsteine" der Wasserträger findet man hier heute noch.

So ist es also gar nicht verwunderlich, daß in vielen Orten der Fränkischen Schweiz die Brunnen und Quellen mit Fichtenbäumchen, Fichtenzweigen, jungen Birken, bunten Bändern und Girlanden, aber vor allem mit kunstvoll bemalten Eiern geschmückt werden (z. B. in Frankendorf, Gößweinstein, Heiligenstadt, Kunreuth, Mistelgau, Muggendorf, Pinzberg, Streitberg). Mit diesem Brauch des Brunnenschmückens wird Wasser als lebensspendendes Element geehrt. Dies ist sicher kein heidnisches Brauchtum, noch ist es christlich. Es ist eine Ausdrucksform des Dankes. Diese Verehrung und Dankbarkeit kann am besten im Frühling, zu Ostern, gezeigt werden, wenn Schnee und Eis geschmolzen sind und die Quellen und Brunnen reichlich Wasser spenden.

Emmausgang

„Vom Eise befreit sind Strom und Bäche . . .", so beginnt Goethe den Osterspaziergang im Faust.

Den Emmausgang am Ostersonntag, einen Spaziergang in die erwachende Natur, führen die Pottensteiner jedes Jahr nach Hohenmirsberg durch.

Oft zeigt sich bei diesem Gang „nach Emmaus" der Frühling nicht gerade von seiner freundlichsten Seite. Aber die Osterfreude nach der Fastenzeit und der ernsten Karwoche und vor allem die Aussicht auf einen guten Trunk und eine kräftige Brotzeit in Hohenmirsberg, lassen die letzten Rückzugsgefechte des Winters schnell vergessen.

Osterbrunnen in Streitberg

Speisenweihe

In vielen Ortschaften Oberfrankens sieht man früh am Ostersonntag die Frauen vorsichtigen Schrittes mit einem bunten Osternest oder Osterkörbchen zur Speisenweihe in die Kirche gehen. Neuerdings tragen manche die zu weihenden Speisen versteckt in ihrer Handtasche.

Es ist ein schönes Bild, wenn zum österlichen Glockenklang die Bauersfrauen in ihrer bunten Tracht Brot, Salz, Eier, Geräuchertes und ein gebackenes Osterlamm im Körbchen zur österlichen Speisenweihe während des Gottesdienstes bringen (Gasseldorf, Effeltrich).

Wieder daheim, essen alle Familienmitglieder von den geweihten Speisen.

Dieser Brauch ist ein Dank und eine Bitte, das tägliche Brot auch im weiteren Jahreslauf ausreichend zu schenken.

Die Osternacht in Marktgraitz

Um 4 Uhr früh in der Osternacht ist in Marktgraitz, das nahe Lichtenfels an der Steinach gelegen ist, schon geschäftiges Treiben. Alles strömt zur Kirche. Der Pfarrer und die Ministranten ziehen vor Beginn des Gottesdienstes gegen 4 Uhr 30 zum Gotteshaus. Am Osterfeuer bei der Kirchentüre wird die Osterkerze entzündet, und dann wird in die Kirche einmarschiert. Die Osternacht wird hier noch feierlich begangen.

Außen, etwas unterhalb der Kirche, stehen Tische und Stühle, und in einer geschützten Ecke ist eine Grillstation aufgebaut. Den aufgespießten, bereits vorgebratenen Osterhammel begießen fleißige Helfer mit Bier und grillen das „Prachtstück" über funkenstiebenden Holzkohlen.

Kurz vor Beendigung des Gottesdienstes muß diese österliche Delikatesse gar sein. Fachmännisch in handliche Portionen zerlegt, findet das „Osterlamm" bei den nüchternen, sehr hungrigen Kirchgängern reißend Absatz.

Bei Sonnenaufgang sitzt schon alles an den Tischen, trinkt frisches Faßbier und ißt das fettreiche „Osterlamm".

Das Eierbiertrinken in Neudorf

In der Gastwirtschaft Völkel in Neudorf bei Obertrubach geht es am Ostermontag hoch her. Die Männer trinken sich dort mit Eierbier die „Stärke" an.

Nach der traditionellen Feuerwehrübung am Vormittag werden von den Bewohnern der vierzehn Häuser oft über 200 rohe Eier gesammelt.

Jeweils vier Eier in einen steinernen Maßkrug geschlagen, mit einem jedes Jahr neu geschnitzten Holzlöffel (glattgeschnitztem „Holzscheitla") verquirlt und mit Freibier aufgefüllt, ergeben ein „umwerfendes" Getränk. Alfred Kießling, seit 34 Jahren bewährter „Eierbierbrauer", mischt dieses stärkespendende Gebräu.

Bei Schifferklavier- und Gitarrenmusik wird erst heimgegangen, wenn das letzte Freibier mit dem letzten Ei „vertrunken" ist.

Nicht einmal ältere Einheimische wissen den Ursprung und das Alter dieses „Eierbiertrinkens".

Österliche Speisenweihe

Patenbündel

Im Hummelgau bei Bayreuth trägt mancher traditionsbewußte Taufpate noch „den Patenbündel".

In einem an den vier Zipfeln zusammengebundenen, weißen Leinentuch überreicht er die Ostergeschenke für „des Podla", sein Patenkind.

Die bunten, oder auch „nur" die braunen, mit Zwiebelschalen gefärbten Eier, ein Biskuitlämmchen mit Osterfahne und die kleineren Ostergeschenke liegen in einem schön geflochtenen, gebackenen Eierring.

Osterfeuer

Die Auferstehung Jesu in der Osternacht feiern heute noch viele Dörfer nach altem liturgischem Brauch (z. B. Mistelbach und Poppendorf).

Vor der Kirche lodert ein Feuer. („Der Judas wird verbrannt", sagt der Volksmund.) An diesem, früher aus Feuerstein geschlagenen und vom Priester geweihten, „neuen" Feuer entzündet der Geistliche die Osterkerze und die Gläubigen ihre mitgebrachten Lichter.

Der Georgsritt in Effeltrich und Gunzendorf

Sowohl in Effeltrich wie in Gunzendorf findet alljährlich ein Georgsritt statt, zu Ehren des Drachentöters und Viehpatrons; in Effeltrich bereits am Ostermontag.

Aus der nahen Umgebung, oft auch von weiter her, kommen die Bauern, neuerdings auch die Reitpferdebesitzer, und lassen ihre Pferde segnen. Um 10 Uhr sammeln sich in Effeltrich die Reiter mit ihren Pferden bei der uralten Dorflinde vor der Kirchenburg. Der Geistliche hält nach dem Gottesdienst eine kurze Ansprache, segnet Reiter und Pferde und besteigt in vollem Ornat selbst ein Pferd. Junge Burschen in ihrer Effeltricher Tracht tragen eine blumengeschmückte Georgsfigur. Ein Reiter mit der reichbestickten Georgsfahne führt den oft über 100 Pferde zählenden Festzug an. Zweimal geht's um die wuchtige Kirchenburg, einmal durchs Dorf.

Diesen weitum berühmten Effeltricher Georgsritt beschließt am Nachmittag eine einmalige Trachtenprozession, die wohl nur noch von der Effeltricher Fronleichnamsprozession übertroffen wird.

Zum Georgsritt nordwestlich von Ebermannstadt, in Gunzendorf, – er findet um den 23. April statt – stellen sich die Reiter in der Ortschaft auf. Unter frommen Weisen zieht die Prozession an alten Kreuzwegstationen vorbei durch die blühende Landschaft zur etwas erhöht gelegenen Senftenbergkapelle. Dichtgedrängt stehen im Kirchhof Roß und Reiter. Bezaubernd ist der Ausblick auf die frühlingshafte Landschaft und das im gleißenden Gegenlicht verschwimmende Gunzendorf. Nach dem Gottesdienst kann man bei den Kellern hinter der Kapelle gemütlich ein Bier trinken und sich als Krönung dieses schönen Morgens eine kräftige, fränkische Brotzeit schmecken lassen.

Georgsritt in Gunzendorf

Walpurgisnacht

Die fromme und sanfte Äbtissin Walpurga starb 779 im Kloster Heidenheim bei Eichstätt und wurde an einem 1. Mai heiliggesprochen. Für die letzte Aprilnacht mußte die Beschützerin vor Zauberkünsten, Pest, Husten, Tollwut und Hungersnot ihren Namen herleihen.

Wenn am 30. April das letzte Tageslicht am Horizont verlischt, dann beginnt eine geheimnisvolle, sagenumwobene Nacht, die Walpurgisnacht, eine unheimliche Los- und Freinacht; die Hexen und Geister treiben ihren Spuk. Früher feierte der Aberglaube geradezu Orgien. Im Mittelalter wurde im Inquisitionsrausch dieser Tag zum Hexensabbat erklärt.

Die fürchterliche, grausame Zeit der Hexenverfolgung begann Ende des 14. Jh., als die Pariser theologische Fakultät die „Teufelsbündnisse" der Hexen für Tatsachen erklärte.

Die im Volk stark verwurzelte Hexenfurcht konnte nicht so schnell aus dem Volksglauben vertrieben werden, und so ist es gar nicht verwunderlich, daß einige Bräuche mancherorts noch bis vor Jahren bei uns lebendig waren. Ein verkehrt vor die Tür gestellter Besen oder ein aufgemalter Drudenfuß sollte vor Hexen schützen. Als sicherstes Abwehrmittel galt das Lärmschlagen in der Walpurgisnacht. Durch Peitschenknallen, Rasseln und Klirren mit Ketten oder anderen lärmerzeugenden Gegenständen versuchte früher die Jugend, die Hexen zu verscheuchen.

In der Nähe von Weidenberg, in Lienlas am Rande des Fichtelgebirges, wird dieser uralte Brauch bis heute noch gepflegt. Dieses „Hexenauspatschen" wird von der Dorfjugend mit alten Topfdeckeln, mit Blechbüchsen und Peitschenknallen lautstark in den Abendstunden vor jedem Haus durchgeführt. Als Dank für dieses ohrenbetäubende Geisterverjagen erhalten die Kinder Eier, Geld und andere kleine Geschenke von den Bäuerinnen.

Hier in der Weidenberger Gegend nützt aber alles Lärmen nichts.
Einige Bauern werden am 1. Mai morgens manchen Schabernack bewundern oder auch bedauern können, welchen ihnen die vermeintlichen „Besenreiterinnen" gespielt haben.

Früher versetzten die Dorfburschen ein Klohäuschen oder warfen es in die Mistgrube oder sie stellten einen kompletten Leiterwagen aufs Dach.

In Tressau und Kirchenpingarten müssen heute noch die Bauern ihre mit Holz zugeschichteten Türen abräumen, ihre Leitern vom Baum „pflücken", Mistwagen aus dem Bach ziehen, Gartentürchen suchen und ähnliche, harmlose Späßchen der wilden Walpurgisnacht ertragen.

Hexenfeuer um Marktleuthen

In und um Marktleuthen brennen in der Walpurgisnacht alljährlich die sogen. „Hexenfeuer".

Aus Freude über den Einzug des Frühlings loderten früher diese Walpurgisfeuer von den Hügeln vieler Gebiete.

Über die etwas niedergebrannten Reisighaufen wagte die Jugend paarweise den Sprung durchs glücksbringende Feuer.

„Hexentreff"

Kalkschreiber – Kalkstreuer

Im nordöstlichen Oberfranken (Kirchenpingarten, Tressau) und in der angrenzenden Oberpfalz (Immenreuth, Kemnath) existiert noch ein alter, für die Betroffenen oft gar nicht so lustiger Brauch der Walpurgisnacht: das Kalkschreiben oder Kalkstreuen. In einigen oberfränkischen Ortschaften werden weniger dauerhafte Sägespäne verwendet. Mancherorts wird diese dorfbelustigende „Bekanntmachung" auch erst in der Pfingstnacht durchgeführt (Frankenwald).

Eine dicke Kalk- oder Sägemehlspur beginnt vor einem Haus, zieht sich auf der Straße durch die Ortschaft und endet vor einem anderen.

Dort ist ein weißes Herz hingemalt und die Namen der betroffenen Liebesleute, wie z. B. „Horst liebt Lilo" unübersehbar hingeschrieben.

In der Fränkischen Schweiz haben wir bei einer Hochzeit ein solches „Kunstwerk" sogar mit erläuternder Zugabe fotografieren können; „Horst S. (Name geändert) hübsch und klein, geht bei Zweien aus und ein!" stand in riesigen Lettern mitten auf dem geteerten Dorfplatz. Dieses „Denkmal auf Zeit" des künftigen Gatten wurde von der Braut bestimmt nicht ohne bissigen Kommentar hingenommen.

Bei außerdörflichen „Verhältnissen" endet der „Liebesweg" am Ortsschild. Um keine Verwechslung aufkommen zu lassen, werden dort die Namen der Beteiligten in großer Straßenmalerei kundgetan.

Auf diese Art und Weise wurde schon manches sorgsam gehütete Liebesverhältnis von den bösen „Hexen" offenkundig gemacht, schadenfroh belacht von den Unbeteiligten, jedoch ärgerlich, wenn auch säuerlich grinsend heruntergespielt von den Betroffenen.

Kalkschreiber in Tressau

„Hexenauspatschen" in Lienlas

Dorfweiher in Prüllsbirkig

Kuhgespann bei Schlömen

Mai
Juni

Maienfröste – böse Gäste.
Der Bauer nach der alten Art
trägt den Pelz bis Himmelfahrt,
und tut ihm dann der Bauch noch weh,
so trägt er ihn bis Barthlmä.

Was im September soll geraten,
das muß schon im Juni braten.

Vor Johanni bitt' um Regen,
nachher kommt er ungelegen.

Pankraz, Servaz und Bonifaz
machen Eis und Frost gern Platz,
und zum Schlusse fehlet nie
die kalte Sophie. (15. 5.)

Wenn der Juni kühl und trocken,
gibt's was in die Milch zu brocken.

Menschensinn und Juniwind
ändern sich oft sehr geschwind.

Wenn Siebenschläfer (27. 6.) Regen kochen,
regnet es noch sieben Wochen.

Wenn die Johanniswürmchen glänzen, (24. 6.)
greife emsig nach den Sensen.

Kirchgang

Wasserräder in der Regnitz

Nahe Forchheim, zwischen Möhrendorf und Oberndorf, treibt die Regnitz noch einige uralte Wasserschöpfräder. Die dunklen, kunstvoll gebauten Konstruktionen schöpfen ächzend mit den „Kümpfen" Tag und Nacht das kostbare Naß auf die sandigen Wiesen und Felder. Diese energiesparenden „Wasserhebemaschinen" verwenden das warme, stickstoffhaltige Oberflächenwasser und sind in diesem Punkt den elektrischen Pumpwerken überlegen, die das kalte Unterstromwasser ansaugen.

Vom Orient sollen im 13. Jh. Kreuzfahrer die Idee zu diesen „beweglichen technischen Kulturdenkmälern" mitgebracht haben. 1750 gab es auf den 35 Flußkilometern zwischen Forchheim und Schwabach 250 dieser knarrenden, spritzenden Bewässerungsanlagen.

Nach der Baiersdorfer Wasserordnung von 1693 dürfen die Schöpfräder nicht vor dem 1. Mai aufgebaut und nicht nach dem 30. September abgebaut werden. Leider verursacht der jährliche Auf- und Abbau erhebliche Kosten, und so dürfte der Tag nicht mehr fern sein, an dem die über 500jährige Tradition der alten Wasserräder beendet sein wird.

Maibaum

Wie man mit den gekreuzten Stangen einen Maibaum aufstellt, hat bestimmt jeder schon gesehen. Diesen Brauch gibt es bei uns noch in vielen Ortschaften.

In Tressau bei Kirchenpingarten bindet am 30. April die weibliche Bevölkerung gemeinsam vor dem Feuerwehrhaus einen riesigen Maikranz und schmückt ihn mit bunten Bändern. Die Männer befestigen ihn an dem bereits entasteten, nur von der grünen Spitze gekrönten Fichtenstamm. Das Aufstellen des Frühlingsbaumes unter „hauruck" und anderen Kommandos kostet noch manchen Tropfen Schweiß.

In Pegnitz und Goldmühl haben Trachtenvereine diese schöne Sitte übernommen. Bei Musik und Gesang umtanzen die „Trachtler" anschließend ihren Maibaum.

Für manche „böse Buben" ist aber das Maibaumstehlen oft wichtiger als das Aufstellen. Der Baum, schon Tage zuvor geschlagen und hergerichtet, wird von seinem Lagerplatz in geheimen nächtlichen Kommandounternehmen entwendet. Die männlichen Vereinsmitglieder brauchen bei ihrer morgendlichen Rasur dann mehr Zeit, weil ihre Gesichter bei der schlimmen Nachricht von dem Diebstahl die doppelte Länge angenommen haben.

In Pegnitz wurde schon öfters von Schülern des Gymnasiums in mühevoller Schwerstarbeit der riesige „Trachtlerstolz" gestohlen. Die „Kidnapper" forderten als Lösegeld vom Heimatverein einige Hektoliter Bier für sich und mehrere Kästen Limonade für die beiden Kindergärten. Sollten die „flüssigen Forderungen" nicht angenommen werden, drohen die Entführer allerdings mit einer rücksichtslosen „Zu-Brennholz-Zerstückelung" des teuren Frühlingssymbols.

Schöpfrad bei Möhrendorf

Walpurgisabend am Walberla

Süßholzraspeln in Bamberg

früher ein einträgliches Gewerbe

Im Garten des Bamberger Gärtnermuseums (Mittelstraße) wird eine früher im Bamberger Raum häufig angebaute Pflanze noch immer gehegt und gepflegt: das Süßholz.

Bereits zu Beginn des 15. Jahrhunderts wurde aus dem eingedickten Saft des damals begehrten Süßholzes die noch heute bekannte und beliebte Lakritze, der Bärndreck, hergestellt. Den Kindern waren die kleinen runden Kuchen aus Mehl und Holundersaft der Bamberger Gärtner lieber als der vom Apotheker hergestellte Lakritzsaft oder der Hustentee aus Süßholz.

Das Süßholz, griech. Glykyrrhiza, abgeleitet das Wort Lakritze, gedieh in Bamberg besonders gut. Es war früher ein einträglicher Nebenverdienst der Gärtner. Die Wurzeln, das eigentliche Süßholz, wurden im Herbst ausgegraben, zu Ringen zusammengebunden und verkauft. Zu Pulver zerrieben war und ist es ein kalorienarmer Zuckerersatz.

Ein im Museum tätiger Gärtner, nach der Süße der früher sehr beliebten Wurzel gefragt, sagte mit verschmitztem Lächeln: „Es Süßholz hat immer ein Grad weniger Süße als a Bussela (Kuß)!"

Gärtnermuseum in Bamberg

Bamberger Gärtner

Walberlasfest

Etwa 5 km östlich von Forchheim erhebt sich aus dem „Grund“, dem fruchtbaren unteren Wiesenttal, ein eindrucksvoller Berg: das landschaftlich, naturwissenschaftlich, volkskundlich, geschichtlich und prähistorisch berühmte „Walberla“.

Kein Geringerer als Albrecht Dürer hat auf seiner Eisenradierung mit dem Titel „die große Kanone“ diesen sagenumwobenen Berg abgebildet.

Durch eine Mulde sind die beiden Gipfel getrennt, der Rodenstein (532 m) mit dem Kreuz und die Ehrenbürg (512 m) mit der Walpurgiskapelle. Um dieses Kirchlein wird am ersten Sonntag im Mai eines der bekanntesten und beliebtesten oberfränkischen Frühlingsfeste gefeiert: die Walberlaskerwa.

Viktor v. Scheffel schreibt 1859 über diese Kerwa in seiner „Bamberger Domchorknaben-Sängerfahrt“:

> „Ob Vorchheim bei Kirchehrenbach
> woll'n wir zu Berge steigen,
> dort schwingt sich am Walpurgistag
> der Franken Maimarktreigen;
> der ist seit grauer Heidenzeit
> noch allem Landvolk teuer,
> Schatzkind, halt Gürtel fest und Kleid,
> wir springen durch das Feuer!“

Früher war dieser „Maimarktreigen“ nicht nur eine Belustigung für alt und jung, es war ein vielbesuchter Jahrmarkt für die ländliche Bevölkerung dieser Region und von besonderer volkswirtschaftlicher Bedeutung. Handwerksbetriebe und Händler aus den Städten Bamberg, Erlangen, Fürth und Nürnberg boten alles feil, was der damalige Bauer benötigte. Von bunten Stoffen, Kleidern, Schuhen, Töpfen, Körben bis hin zu landwirtschaftlichen Geräten, wie Pflug, Rechen, Sense; Spielzeug und Süßigkeiten durften natürlich nicht fehlen.

Heutzutage ist es „nur“ ein Volksfest, ein Frühlingsfest, aber ein ganz besonderes, und wenn das Wetter mitspielt, gibt es nichts Vergleichbares. Wenig empfehlenswert ist die Auffahrt von Kirchehrenbach zu den Parkplätzen unterhalb des Berges. Wer gut auf Schusters Rappen ist, sollte sein Fahrzeug am Fuße des Berges abstellen und eine Maiwanderung mit einem gemütlichen Aufstieg durch die blühenden „Kirschbaumwälder“ vorziehen. Die gewaltigen Felstürme, die steil und abweisend an den Flanken des Berges aufragen, bieten genug Zwischenräume, um die vielen Besucher von allen Seiten auf den Berg zu lassen. Mit jedem Schritt wird die Aussicht schöner. Die weiß leuchtende „Vixierkapelle“, die Nikolauskapelle von Reifenberg, grüßt von Westen herüber, im Süden ducken sich in das erste Maiengrün die roten Dächer kleiner Ortschaften, nur die spitzen Kirchtürme ragen aus den steilen Giebeldächern heraus. Rechts vom langgezogenen Hetzleser Berg verschwimmt im Dunst die Universitätsstadt Erlangen. Hinter der Ortschaft Leutenbach begrenzen im Osten mit jungem Buchenlaub begrünte, dichtbewaldete Höhenzüge das Blickfeld. Im Norden schaut man zum Katzenstein hinüber und in das Wiesenttal hinunter. Pretzfeld und Ebermannstadt mit der Burg Feuerstein sind nur einige Glanzpunkte dieser berückenden Aussicht.

Wer zuerst auf den Rodenstein, vielleicht von Leutenbach, aufsteigt, sieht gegenüber auf der Ehrenbürg das gesamte bunte Bild des Festes. Hunderte, ja Tausende farbiger Punkte und Flecken sind um das Walpurgiskirchlein aufgetupft oder draufgekleckst. Erst beim Näherkommen sieht man die Schiffschaukel, die Buden, Stände und Zelte genauer und die vielen, vielen Menschen. Als Mittelpunkt, als ruhender Pol sozusagen, die Kapelle;

Walberlasfest auf der Ehrenbürg

daneben steht ein hoher, mit bunten Bändern geschmückter Maibaum. Für Essen und Trinken ist bestens gesorgt. Die vielen Besucher sitzen an Tischen und auf Bänken und laben sich an köstlichem, dunklem Bier aus Glas- und Steinkrügen. Knackige Bratwürste, Fischsemmeln, gegrillte Hähnchen, gewürzter Käse, gesalzene Rettiche, Fische am Stecken und andere deftige Brotzeiten ersetzen die für die Bergbesteigung verbrauchten Kalorien um ein Vielfaches.

Wenn auch der früher so beliebte Türkische Honig oder das Bamberger Süßholz vom Angebot der vielen Süßwarenstände verschwunden ist, so gibt es doch andere zuckrige Leckereien in Hülle und Fülle; vom „Bärendreck" bis zur Zuckerwatte, von den gebrannten Mandeln bis zum Puffreis. An einigen Ständen werden die vielbegehrten, lustigen Lebkuchenherzen angeboten. Das bunte, mit sinnigen Sprüchlein verzierte Backwerk geht weg wie die sprichwörtlichen warmen Semmeln. Mancher junge, moderne Teenager in T-Shirt und Blue Jeans trägt solch ein großväterliches „Liebesherz" genauso stolz vor der Brust, wie die Mädchen früherer Generationen. Es wird geschäkert, gelacht, gegessen und getrunken. Wer keinen Sitzplatz an Tischen findet, der setzt sich auf einen sonnenwarmen Felsen, oder ins kurze, teppichweiche Gras. Zwischen der biertrinkenden und schmausenden Menschenmenge sieht und hört man immer wieder so richtige, fränkische Musikanten, die aus der „Lameng" zünftige Volksmusik zum Besten geben. Eine fesche Polka, einen lustigen Zwiefachen oder einen „miechatn" (gemütlichen) Walzer.

Ein Bild voll Lebensfreude, Frohsinn und Gemütlichkeit vor und in der herrlichen Kulisse dieser wunderbaren oberfränkischen Landschaft.

Zünftiger Kerwamusikant

Teenager mit Breze und „Liebesherz"

Kirschenfest in Pretzfeld

Eine Wanderung ums Walberla, um Gräfenberg oder Thuisbrunn zur Zeit der Kirschblüte gehört mit zu den Höhepunkten im oberfränkischen Jahresablauf.

Tausende blühender Bäume verwandeln diese ohnehin einzigartige Landschaft in ein riesiges weißes Blütenmeer.
Der römische General Lucius Licinius Lucullus brachte vor über 2000 Jahren als Kriegsbeute von der Schwarzmeerküste Kirschkerne mit nach Rom. Von dort breitete sich die süße Frucht schnell im ganzen Imperium Romanum aus. Benediktinermönche der früheren Abtei Weißenohe sollen die Kirschen in diesem Gebiet, dem Kirschgarten Frankens, erstmals angepflanzt haben.

Wenn in diesem größten zusammenhängenden deutschen Kirschenanbaugebiet Mitte Juli die Kirschenernte in vollem Gange ist, dann feiert einer der Großmärkte dieser Gegend, der Marktflecken Pretzfeld, das „Kirschenfest". Der Auftakt zu diesem „Kirschen-Erntedankfest" ist der Bieranstich am Freitag im Kellerwald. Auf diesem schattigen, kühlen Festgelände findet am Sonntagvormittag unter der alten Linde ein Dankgottesdienst statt. Mit Trachtengruppen, Musikkapellen und heimatlichem Brauchtum bewegt sich der Festzug ab 13.30 Uhr von Pretzfeld zum nahen Kellerwald hinauf. Dort werden die vielen Besucher von deftigen Brotzeiten und kühlem Bier erwartet.

Schäfer in der Fränkischen Schweiz

Heimleuchten bei Hochzeit und Taufe

Wenn in der Bayreuther Gegend gesagt wird: „Dir leicht iech a nuch ham!" (Dir leuchte ich auch noch heim) so ist das eine gar nicht so versteckte Drohung.

Wird der Verlauf eines Fußballspieles von den Siegern so kommentiert: „die hama da vielleicht hamgleicht" (denen haben wir vielleicht heimgeleuchtet), so hat der unterlegene Gegner keine besonders glückliche Figur abgegeben und haushoch verloren.

Um Pegnitz und in der Gegend um Emtmannsberg, Birk, Hauendorf, Ober- und Unterölschnitz bedeutet das Heimleuchten für die Betroffenen nichts Negatives, sondern es ist ein lustiges Ehrengeleit bei Hochzeiten und Kindstaufen.

In Schnabelwaid, nahe Pegnitz, ist dieser Brauch noch recht lebendig. Mit Laternen leuchten junge Männer, feierlich mit Zylinder und Schwalbenschwanz herausgeputzt, dem Hochzeitszug heim. Begleitet von lustigen Schifferklavierklängen und dem Jubel der Zuschauer fährt die Pferdekutsche, gefolgt von chromblitzenden Autos, von der Kirche zur Gastwirtschaft. Ab und zu gerät der Zug ins Stocken, denn die Dorfjugend „hält auf", spannt ein Seil über die Straße, und der Bräutigam muß sich mit ausgeworfenem Kleingeld freikaufen.

Vor einigen Jahren konnten wir eine recht originelle Idee beim Heimleuchten eines Täuflings in Schnabelwaid beobachten. Aus dem Nachbarort holten die „Akteure" mit einem abenteuerlichen Viehtransporter eine Ziege, bei uns heißt's „Gaaß", nach Schnabelwaid. Dort stand in einem Hinterhof ein wackliges, blumengeschmücktes Leiterwägelchen; die Ziege wurde mittels einer alten Backschanze davor gespannt. Wieder begleiteten den Zug die bereits bekannten Burschen mit Zylinder und Schwalbenschwanz. Laternen, ein Korb mit hochprozentigen Getränken und ein Schifferklavier waren die „Heimleucht-Utensilien". Leider wollte die Ziege nicht so laufen, wie es geplant war. Sie fraß den Blumenschmuck vom Leiterwägelchen und ihrer Backschanze mit großem Genuß ab. Ein findiger „Heimleuchter" löste dieses Problem auf einfache Art. Er holte einen Eimer, pflückte saftigen Löwenzahn und hielt diesen Leckerbissen der gehfaulen Ziege vor die Nase.

Als die glücklichen Eltern mit ihrem frischgetauften Mädchen aus der Kirche kamen, mußten sie das Leiterwägelchen besteigen, und unter allen möglichen Sicherheitsvorkehrungen und großem Hallo ging der Zug durch die Ortschaft bis zu ihrem Haus.

Das Schifferklavier untermalte musikalisch diesen feierlich-lustigen Zug. Schnaps wurde an manchen der vielen Zuschauer ausgeschenkt, und dem Täufling wurde trotz des herrlichen Sonnenscheins ehrenhalber mit den alten Laternen heimgeleuchtet.

Ein rührender, netter Beweis, daß die bereits totgesagte dörfliche Gemeinschaft mancherorts noch immer besteht.

„Heimleuchten" in Birk

Fränkischer Hochzeitslader

Den fränkischen Hochzeitslader gibt es eigentlich nur noch in der historischen Krippe der Oberen Pfarre in Bamberg und gelegentlich bei Festzügen.

Früher sorgte dieser wichtige, angesehene Mann für die Vorbereitung und für den reibungslosen, planmäßigen Ablauf, also für die gesamte Organisation einer Bauernhochzeit. Er sollte ein würdevoller Zeremonienmeister, ein schlitzohriger, schlagfertiger „Diplomat", ein witziger Poet und leidlicher Sänger sein. An seinen oft selbstgedichteten Verslein und lustigen, spritzigen Liedchen, an den unterhaltsamen, nicht zu derben, aber doch witzigen Ansprachen erkannte man den guten Hochzeitslader.

Der Frack und Zylinder waren seine Arbeitskleidung, und als wichtiges äußeres Kennzeichen trug er einen mit bunten Bändern geschmückten Stock.

Fränkischer Kammerwagen

Nur bei historischen Umzügen oder bei Umzügen an Heimattagen des Fränkische-Schweiz-Vereins sieht man ab und zu noch mal einen fränkischen Kammerwagen.

Mit liebevoller Sorgfalt ausgesucht und dekorativ aufgeladen türmte sich früher die gesamte Aussteuer der Braut auf dem von Pferden gezogenen Wagen.

Die bunten, bemalten Bauernmöbel, das Himmelbett, die Schaukelwiege, das kunstvoll gedrechselte Spinnrad, das Kruzifix und die vielen anderen notwendigen oder unwichtigen Habseligkeiten gaben jedem Kammerwagen sein eigenes Gesicht. Bei wohlhabenden Bauern trottete noch die angehängte Brautkuh hinter dem wertvollen Gefährt.

Diese „Brautfuhr" konnte früher jeder aufhalten, vom gerngesehenen, glücksbringenden Schlotfeger bis zum Handwerksburschen, sogar dem Bettler, und um eine kleine Gabe bitten. Ohne allerlei Schabernack verlief solch eine festliche Bauernhochzeit nur sehr selten.

Auch heute wird dem Hochzeitspaar noch manch lustiger Streich gespielt. Das beginnt schon am Polterabend, wo oft zentnerweise Poltergeschirr den eifrig kehrenden Liebesleuten den Eintritt ins Eheleben „versüßt".

An ihrem großen Tag müssen sie sich dann mit einer stumpfen Säge eine Scheibe von einem bereitgehaltenen, aufgebockten Baumstamm – eine Scheibe vom Glück – absägen.

Den Variationen in dieser Richtung sind keine Grenzen gesetzt. Bei einer etwas eiligen Heirat, der böse Zungen einen gewichtigen Heiratsgrund nachsagten, gab es früher zur allgemeinen Dorfbelustigung ein Extrageschenk: mehr oder weniger gute Freunde stellten den Brautleuten einen Kinderwagen mit einer Puppe als Inhalt aufs Dach, ein Brauch, der in unserer Gegend mancherorts auch ohne „zwingende Notwendigkeit" noch gepflegt wird oder wurde (Pegnitz, Hedelmühle bei Trockau).

Im Vollhof, nahe Heinersreuth bei Bayreuth wurde 1982 ein komplettes Bauernbett mit Kissen und Federbett, lebensgroßem Teddybären und Puppe, bei Nacht und Nebel, von schwindelfreien Freunden dem Brautpaar aufs Haus montiert.

Fränkischer Hochzeitslader

„Hochzeitsüberraschung" in Heinersreuth

Kammerwagen in Mistelgau

Bittgänge vor Himmelfahrt

In der Zeit, wenn alles grünt und blüht, wenn der Lenz überall zu spüren, riechen, hören, vor allem zu sehen ist, finden, meist in den drei Tagen vor Himmelfahrt, die Flurumgänge, die Bittprozessionen, statt. In Büchenbach, Leups, Körbeldorf und Trockau sind sie durchaus noch üblich. Mit flatternden Fahnen und feierlicher Blasmusik, mit Gesang und Gebet gehen die Bauern andächtig durch die Wiesen und Felder und erbitten den Schutz und Segen unseres Herrgotts für die noch wachsende Ernte.

Nach altem Volksglauben soll in jener Zeit „der Segen auf den Feldern wachsen". Der Brauch soll älter als unsere Zeitrechnung sein. Schon die heidnischen Germanen hielten solche Umgänge und trugen ihre verhüllten Götterbilder durch die erwachende Natur.

Christi Himmelfahrt

Der Himmelfahrtstag wird am 40. Tag nach Ostern gefeiert. Aus dem Gedenktag an die Himmelfahrt Christi ist ein Ausflugstag für jung und alt geworden.

Ein Regenschirm gehört zu diesem Ausflug unbedingt, denn nach altem Volksglauben gibt es an diesem Tag häufig Gewitter oder Regenfälle, weil Christus in den „offenen Himmel" hineinflog. Außerdem ist der Donnerstag nach alter heidnischer Anschauung ein Gewittertag.

Auch heute noch beschließt den feuchtfröhlichen „Vatertag" für manchen männlichen „Spätheimkehrer" ein kräftiges Gewitter. So eine Himmelfahrts-Herrenpartie läßt bei den noch werdenden, oder bereits gewordenen Vätern keine Kehle trocken. Schon in aller Herrgottsfrühe sieht man die „Herren" mit „Kreissägen" auf dem jugendlichen Haupt, einen Spazierstock mit Klingel in der nervigen Faust, zum ausgemachten Sammelpunkt eilen. Ein Teil der tagsüber benötigten Bierration, ein gekühltes Fäßchen Bier, liegt bereits auf einem geschmückten Leiterwägelchen.

Manchmal binden sich vorsichtshalber drei oder vier bis jetzt noch verhinderte Väter mit einem Seil zusammen, um unbedingt gemeinsam wieder heimische Gefilde zu erreichen. Unter Lachen, Gesang und lautstarkem Geklingel beginnt ein oft weniger schön endender Himmelfahrtsausflug.

Maienstecken

Nahe Coburg, in Seßlach, dem oberfränkischen Rothenburg, steckt die männliche, unverheiratete Jugend noch die „Maien". In der ersten Stunde des Pfingstsonntags steigen die Burschen den anständigen, schönen, unverheirateten Mädchen mit langen Leitern im wahrsten Sinne des Wortes „aufs Dach". Das hochgesteckte Ziel ist, einen „Pfingstbuschen", ein mehr oder weniger großes Birkenbäumchen, im Hausschlot der Mädchen „aufzustecken". Sollte der aufmerksame Vater einer Betroffenen die Burschen bei ihrer nächtlichen, nicht gerade ungefährlichen „Arbeit" stören, oder gar das Maibaumstecken verhindern, so muß er am Pfingstmorgen ein Faß oder wenigstens einige Kästen Bier bezahlen.

Nicht besonders beliebte Mädchen erhielten schon mal zum Gespött des Städtchens einen alten Besen als „Ehrenbaum" in den Schlot „gepflanzt". 1982 haben die übermütigen „Pfingstbaumstecker" aus Jux einer älteren, verheirateten Frau ein nicht gerade kleines Birkenbäumchen in den Schornstein gesteckt. Schimpfend und ganz verzweifelt suchte die Frau einen mutigen Mann, der sie von dem unverdienten Pfingstschmuck befreite. In ihrer begreiflichen Not ging sie sogar zum Feuerwehrkommandanten, der aber mangels Zuständigkeit „dankend" ablehnte. Der so schön grün verstopfte Schornstein machte das Anzünden des kohlebeheizten Küchenherdes unmöglich und vereitelte somit auch die Aussicht auf einen Pfingstbraten mit Klößen.

Pfingstbuschen in Seßlach

Die Eismänner

Während bei den Tieren und auch bei vielen jungen Leuten die liebevolle „Balzzeit", die vielbesungene Maienzeit beginnt, beobachtet der Bauer den Wetterverlauf des blütenreichen „Wonnemonds" mit großem Mißtrauen. Jedes Jahr fürchtet er die frostigen Rückzugsgefechte des vertriebenen Winters, und manches Jahr haben die Nachtfröste der drei Eismänner Pankraz, Servaz und Bonifaz (12., 13. und 14. Mai) und die kalte Sophie (15. Mai) die blühenden Obstbäume braun und unfruchtbar werden lassen.

Pfingsten

Zehn Tage nach Christi Himmelfahrt, sieben Wochen nach Ostern feiern wir Christen das Pfingstfest. Pfingsten (pentecoste) ist der Kirchensprache entnommen, griechischen Ursprungs und heißt „fünfzigster Tag". Das Symbol dieses sommerlichen Kirchenfestes ist seit weit über 1000 Jahren die schwebende Taube, das Sinnbild des heiligen Geistes.

Junges Grün gehört zu diesen Feiertagen, die im Volksbrauchtum zum Naturfest geworden sind. Junge, grüne Birkenbäumchen wurden früher noch von den Burschen der Liebsten vors Fenster gesteckt.

Fronleichnam

Aus den unheilabwehrenden Flurumgängen wurden feierliche Feldprozessionen, die aber im Laufe der Zeit ihren Glanz verloren und oft nur noch symbolisch als Gottesdienst in der Kirche abgehalten werden. An Fronleichnam aber, wenn uralter Naturkult und katholische Kirchenfeier verschmelzen, dann erlebt man mancherorts noch einen kleinen Abglanz dieses prächtigen, alten Kirchenfestes.

Das 700jährige Fronleichnahmsfest geht auf die Vision einer Lütticher Nonne zurück. Papst Urban IV. führte im Jahre 1264 dieses Fest für die ganze Kirche ein. Fronleichnam bedeutet „Leib des Herrn" und soll während des Meßopfers die Verwandlung der Hostie in den Leib Christi darstellen und verherrlichen.

Seit mehr als sieben Jahrhunderten ist der Höhepunkt dieses Festes die feierliche Prozession, in welcher der Priester das Allerheiligste in Brotgestalt in einem kostbaren Schaugefäß, der Monstranz, durch Dorf und Flur trägt.

In Leutenbach, am Fuße des „Walberla", werden noch Häuser mit Blumen, Kerzen, Fähnchen und großen gerahmten Bildern geschmückt. Junge Birkenbäumchen säumen den Weg der Prozession. Fast alle Dorfbewohner nehmen daran teil. Jung und alt, arm und reich schreiten betend und singend hinter dem Himmel her, unter dem der Priester in festlichem Gewand die in der Sonne gleißende Monstranz trägt, flankiert und beschützt von der „Leutenbacher Landwehr". Wie lebendig gewordene Zinnsoldaten sehen diese behelmten, mit Degen und „Schießgewehren" versehenen Leutenbacher in ihrem blauen Tuch und weißen Lackleder aus.

Mancherorts umrahmen kunstvolle Blumenteppiche die aufgebauten Freialtäre (Hohenmirsberg, Trockau), oder es ist doch wenigstens frisch gemähtes Gras als Zierde hingestreut (Poppendorf). Wunderschöne, selbstgestickte, von Generation zu Generation vererbte Altardecken werden aus Truhen und Schränken hervorgeholt. Leuchter aus dünnwandigem Glas, sogen. „Bauernsilber", verschönen manchen blumengeschmückten Freialtar.

Eine der schönsten oberfränkischen dörflichen Fronleichnamsprozessionen ist wohl die von Effeltrich.

Unter feierlichem Glockengeläute strömt aus der malerischen, mauerbewehrten Kirchenburg der Prozessionszug hervor. Bauersfrauen in den wun-

Bäuerinnen in der Kirche

Schwedenprozession in Kronach

Fronleichnamsprozession mit der Leutenbacher Landwehr

derschönen Trachten sind keine Seltenheit. Junge Mädchen in Tracht mit den berühmten Brautkronen tragen auf Holzgestellen blumengeschmückte Heiligenfiguren.

Die mit Birkengrün, Blumen und Kerzen geschmückten Häuser, die flatternden Fahnen, die frommen Gesänge und die getragene Blasmusik, das Glockengeläute und Böllerschießen, das kirchliche Gold und Silber, der Weihrauchduft und die festlich gekleideten Menschen verbinden sich zu einem Höhepunkt religiösen Glaubensbekenntnisses.

Schwedenprozession in Kronach

Eine Dankprozession bewegt sich am Sonntag nach Fronleichnam von der St. Johanneskirche in Kronach zur Festung Rosenberg hinauf. Diese „Schwedenprozession" geht auf ein Gelübde aus dem 30jährigen Krieg zurück.

1632 bedrängten die Schweden das Frankenwaldstädtchen Kronach gar sehr. Bei einem Ausfall der Belagerten ins feindliche Lager konnten die Kanonen der Schweden unbrauchbar gemacht werden. Fünf der tapferen Kronacher wurden gefangen und von den Soldaten unmenschlich getötet. Es wurde ihnen bei lebendigem Leibe die Haut abgezogen. Die „Geschundenen" sind heute zum Wahrzeichen der Stadt Kronach geworden. Als der Feind dann abzog, gelobten die Bürger von Kronach diese Dankprozession. Zwei Jahre später erfolgte ein neuer Angriff auf Kronach. Die Mauer war nach langer Beschießung an einer Stelle schon teilweise eingestürzt. Die Schweden bliesen zum Sturm und standen schon auf den angelegten Leitern. Verzweifelt wehrten sich die Männer gegen die erdrückende feindliche Übermacht. In höchster Not schütteten die mutigen Frauen kochendes Wasser, siedendes Öl und heißes Pech von der Mauerbrüstung auf die Angreifer und konnten so den Angriff abschlagen.

Um das Andenken an die tapferen Kronacherinnen hochzuhalten, dürfen seit 300 Jahren die Frauen diese Schwedenprozession anführen.

Fahnenschwingen in Wallenfels

In dem Frankenwaldstädtchen Wallenfels findet am Fronleichnamstag noch immer das traditionelle „Fahnenschwingen" auf der Schwedenbrücke statt.

Im 30jährigen Krieg wurde die Fahne vor den anrückenden Schweden gerettet und unter dieser Rodachbrücke versteckt. Als Dank für die Bewahrung ihrer Fahne schwenken heute die Wallenfelser in historischen Gewändern „eine Fahne" auf der Schwedenbrücke.

Die fränkische Brautkrone – der hohe Kranz

Die wunderschönen, glänzenden Brautkronen, der „hohe Kranz", werden nur noch in den „Trachteninseln" Effeltrich, Neunkirchen am Brand und Hausen von den unverheirateten Mädchen getragen. In Reuth bei Forchheim – dem „fränkischen Schilda" – stellte bis vor ca. 50 Jahren der letzte „Kranzbinder", Joh. Gg. Amon, diese glitzernden Kunstwerke her.

Den hohen Kranz, oft ein altes Familienerbstück, erhielten früher die Mädchen zur 1. Kommunion. Nur an hohen Feiertagen, am Georgstag, Fronleichnam, am Patronatsfest zierte dieser nicht ganz leichte Kopfschmuck (über 1 kg) das jugendliche Haupt; vor allem tragen die Mädchen ihn als Brautjungfern bei Hochzeiten. Daher auch die etwas irreführende Bezeichnung „Brautkrone".

Ein Heimatfreund aus Neunkirchen am Brand, Herr Herbert Roth, hat 1982 in fast 400 Arbeitsstunden solch eine Krone mit großem Geschick und unendlicher Geduld aus vielen, vielen gedrehten Drähten, Flitterzeug, Goldblättchen und Glasperlen „gebaut".

Effeltricher Mädchen mit den berühmten Brautkronen

Johannisfeuer

Um den 24. Juni, wenn die Sonne ihren höchsten Stand erreicht hat, lodern in den Abendstunden auf Hügeln, oder auch im ebenen Gelände oft riesige Feuer. Im rötlich zuckenden Feuerschein sitzen an Klapptischen zahlreiche Besucher bei Bier und knackigen Rostbratwürsten. Mehr oder weniger passende Musik oder auch schon vereinzelt bierseeliger Gesang klingt durch die Juninacht.

Im 4. Jh. wurde von der Kirche das uralte germanische Sonnwendfest in das Fest zum Geburtstag Johannes des Täufers umgewandelt. Der Johannestag war mancherorts sogar ein Feiertag.

Für das Johannisfeuer sammeln die Dorfbuben mit allerlei Sprüchlein Holz.

> Holz raus, Holz raus, Holz muß ma trogn,
> soll des Kannesfeuer hoch zum Himmel schlogn,
> Holz raus, Holz raus, Holz muß ma trogn.
>
> Ihr Leut seit net so geizig,
> gebt uns a Bündla Reisig.
> Ihr Leut seid net so stolz,
> gebt uns an Armvoll Holz.
>
> Is a guta Herr im Haus,
> langt er an Armvoll Holz gleich raus
> und is kana drinna,
> wern ma die Holzlech finna.
>
> Heut is St. Johannistoch,
> miß ma Holz zusammentroch.
> Glück und reichn Seng
> soll Gott dem Spender gem.

Alte, abgenutzte, als Hexenreittiere verrufene Reisigbesen und die Birkenbäumchen von Fronleichnam schichtete man früher gern mit in den Holzhaufen ein.

In Seybothenreuth und Fenkensees krönt den riesigen Scheiterhaufen eine fast lebensgroße Strohpuppe, vielleicht noch ein unbewußtes Überbleibsel eines mittelalterlichen Abwehrzaubers gegen dämonische Kräfte. In Seybothenreuth schauen kurz nach dem Feueranzünden fast alle Zuschauer selbst wie Dämonen aus. Mit glücksbringendem Ruß vom „Kanzfeierla" schwärzt die Dorfjugend sämtliche „greifbaren" Gesichter. Vom Bürgermeister bis zum kleinsten Kind, alle grinsen gleichermaßen schwarz aus der Wäsche.

Ihre Kränze aus grünen Ähren und Blumen halten die Fenkenseeser Mädchen kurz ins „reinigende Feuer" und setzen diese angesengten Gebilde aufs jugendliche Haupt.

Der ursprünglich reinigende Feuerkult unserer Vorfahren hat seine Bedeutung schon lange verloren.

Aber an einem warmen Johannisabend, wenn Glühwürmchen lautlos ihre grünlichen Leuchtspuren in die Dunkelheit ziehen, sollte man mal auf die Neubürg, den Sophienberg oder andere oberfränkische Aussichtspunkte gehen. Von allen Höhen glimmen dann die Lichtpunkte der Johannisfeuer herüber zum Betrachter und legen Zeugnis ab, daß dieser alte Brauch noch in der ganzen oberfränkischen Heimat – Frankenwald, Fichtelgebirge, Fränkische Schweiz – lebendig ist.

Brunnenfest in Wunsiedel

Am Samstag vor dem 24. Juni, also vor Johanni, ist im liebenswerten Fichtelgebirgsstädtchen Wunsiedel das „Brunnenfest". Hier in der Geburtsstadt Jean Pauls stehen an diesem Tag die 23 Brunnen aus alter und neuerer Zeit im Mittelpunkt des Geschehens.

Die einzelnen „Brunnengemeinschaften", die Verantwortlichen für die künstlerische Gestaltung der Wasserspender, versuchen sich im Blumenschmuck gegenseitig zu übertreffen. Viele geschickte und fleißige Hände sind nötig, um die Wunsiedler Wasserquellen in duftende, bunte Sommerstilleben zu verwandeln. Die üppige Blumenpracht aus Wald, Wiese und Garten wird zu herrlichen Kompositionen gebunden und gesteckt.

Auf Drahtgeflechten entstehen richtige Bilder aus grünen Zweigen, Moos, Baumrinde, kleinen Steinchen und bunter Blumenvielfalt. Nasses Moos zwischen den Blumenstengeln und ein Gießdienst verzögern das Verwelken dieser kurzlebigen, zauberhaften Blumenkunstwerke.

Am Abend, beim Schein der vielen Lichter und Kerzen wird zur Freude der vielen Zuschauer vor jedem Brunnen gesungen und musiziert.

Der Ursprung dieses traditionellen Brunnenschmückens ist noch nicht geklärt. Nach einer langen Trockenperiode, als das von Mensch, Tier und Feld so begehrte, lebensspendende Naß endlich wieder reichlich aus den Brunnen floß, sollen die Wunsiedler aus Dankbarkeit und Freude ihre Brunnen mit grünen Kränzen, Girlanden und Blumensträußen geschmückt haben. Und so ist es bis heute geblieben, eine Parallele zu dem österlichen Brunnenschmücken in der karstigen, auf der Hochfläche sehr wasserarmen Fränkischen Schweiz.

Wetterkerze

Aus Furcht vor Unwettern und Blitzschlag versuchten die Menschen aller Zeiten und Völker, sich mit den verschiedensten Mitteln vor Schaden zu schützen.

In heidnischer Zeit glaubten sie, die vermeintlichen Wetterdämonen und Geister mit Opfergaben besänftigen zu können. Durch Gebete und Fürbitten bestimmter Heiliger hofften die Christen, die drohenden Naturgewalten zu mildern oder gar zu vertreiben.

Auf dem Lande wird in manchen bäuerlichen Familien heute noch bei drohenden Unwettern die schwarze, geweihte Wetterkerze angezündet und der Wettersegen gebetet.

In den oberfränkischen Wallfahrtsorten Vierzehnheiligen, Gößweinstein und Marienweiher gehören solche schwarzen Wetterkerzen zum Sortiment der angebotenen Wachswaren.

Ein nicht ganz ernst zu nehmendes Wettergebet aus dem Hummelgau:

> Gib Regen, Herr, und Sonnenschein,
> für Creez, Gesees und Gößweinstein!
> Und wolln die andern a wos hom,
> na könna sas dir selba song.

Wetterläuten

Um unheilverkündende, tiefschwarze Gewitterwolken zu vertreiben, ließen viele oberfränkische Kirchdörfer das sogen. „Wetterläuten" erklingen. Auf den Kirchtürmen hing eine eigens für diesen Zweck geweihte Glocke, deren Klang die blitz- und hagelversprechenden Wolken bannte, Dorf und Flur schützte, soweit der Glockenschlag reichte.

Eine Verordnung Anfang des 19. Jh. verbot das Wetterläuten, das u. a. nachweislich in Waischenfeld, Hochstahl, Schönfeld und Hollfeld üblich war.

Irrglocke in Hollfeld

Vom St. Gangolfsturm in Hollfeld klingt täglich um 21 Uhr fünf Minuten lang der helle Ton der „Irrglocke" über die Stadt und die umgebenden Fluren.

Nach alter Überlieferung sollen sich einst drei Töchter des Hollfelder Vogtes im Hainwald beim nahen Kainachtal verirrt haben. Nur der durchdringende, wegweisende Glockenton ersparte den drei Mädchen eine schlimme Gewitternacht im finsteren Wald.

Aus Dankbarkeit über die Errettung seiner Kinder stiftete der glückliche Vater eine Glocke, deren Geläute bis zum heutigen Tag verirrte Menschen heimleiten soll.

Schwarze Wetterkerze

Juli August

Wer beim Heu nicht gabelt,
beim Schnitt nicht zappelt,
in dieser Zeit nicht früh aufsteht,
mag seh'n wie's ihm im Winter geht.

Wenn's im August ohne Regen abgeht,
das Pferd mager vor der Krippe steht.

Der Tau tut dem August so not
wie jedermann das tägliche Brot.

Was der August nicht kocht,
Bratet der September nimmer.

Sind die sieben Brüder (10. 7.) naß,
regnet's ohne Unterlaß. –
Magdalena (22. 7.) weinet gern,
denn sie klagt um ihren Herrn.

Regnet's am St. Laurenztag (10. 8.),
gibt es große Mäuseplag.

Juli kühl und naß,
leere Scheuer, leeres Faß.

Wenn's nicht donnert und blitzt,
und der Schnitter nicht schwitzt,
und der Regen dauert lang,
wird's dem Bauersmann bang.

Ködeltalsperre bei Mauthaus

Haussegen

in einem Bauernhaus der
Fränkischen Schweiz (Moggast)

Herr Christ
nun breit die Arme aus und segne
unser liebes Haus!
Behüt' die Kammern und die Keller
und mach sie alle Tage heller!
Die Wandrer, die vorübereilen,
die sollen gern bei uns verweilen.
Laß alle guten Geister ein,
tritt selbst, so oft Du magst, herein!
Und segne Brot und Salz und Flachs
und auch das goldne Lichterwachs.
Bewahre uns vor Brand und Flut,
beschirm des Herdes heil'ge Glut.
Und alle Blumen laß gedeihn
und Dir zur Freud gewachsen sein.
Halt klar und rein die Wasserquelle
und wehr der Sünde diese Schwelle.
Dies Haus weiß um des Kreuzes Last,
die Du für uns getragen hast.
Herr Christus
breit die Arme aus uns segne unser
liebes Haus!

Bemalte Frankenwaldhäuser in Neukenroth n. v. Kronach

Bodendorf bei Trockau

Horsdorf beim Staffelberg

Limmersdorf nahe Thurnau

Leesten ö. v. Bamberg

Fränkische Bauern

Gregorifest in Creußen

Die Stadt Creußen, bekannt als die Heimat der berühmten Creußener Tonkrüge, feiert alle zwei Jahre im Juli das „Gregorifest". Schon im Mittelalter wurde zu Ehren des Hl. Gregorius des Großen, dem Kinderschutzpatron, dieses Schulkinderfest abgehalten. Das Schulfest am Gregorientag war eine Art Schlußfeier der Winterschule; denn im Sommer und im Herbst wurden die Kinder für die Feldarbeit und Ernte gebraucht und hatten keine Zeit für die Schule.

Das Creußener Gregorifest beginnt mit Bieranstich im Festzelt. Allerdings ist dieses beliebte oberfränkische „Leib- und Magengetränk" nicht für die Schulkinder gedacht.

Einen Höhepunkt des Festes bildet der Festzug am Samstagnachmittag. Der Bürgermeister und die Stadträte führen den Zug an. Die Creußener Knabenkapelle sorgt für die musikalische Umrahmung. Die vielen Kinder des Ortes sind allerliebst herausgeputzt. Die bunten Kleider und Trachten, die riesigen Papierblumen, die Fahnen, Girlanden und Blumen erhöhen den festlichen Gesamteindruck.

Am Sonntag sind als zweiter Höhepunkt dieses Festes lustige Kinderspiele an der Reihe. Von der Spitze einer Kletterstange können geschickte Kletterer manch schönen Preis für die nicht ganz leichte Besteigung abpflücken. Einige müssen, unter dem schadenfrohen Gelächter der Zuschauer, kurz vor dem mühsam erkämpften Gipfelsieg den Rückwärtsgang einschalten und gehen dann leider leer aus. Als Trost kann man sich vielleicht bei einfacheren, weniger kräfteraubenden Tätigkeiten einen Preis erkämpfen, etwa beim Eierlaufen, Sackhüpfen und Wurstschnappen.

Als Krönung dieser lustigen „Kinderolympiade" ist wohl der Hahnenschlag zu bezeichnen. Dieser wurde bei mancherlei Anlässen durchgeführt und leider nicht immer so harmlos wie in Creußen. Ein Topf ohne Boden wurde über den armen Hahn gestülpt, der Kopf des Tieres schaute aus dem Loch, und dann begann das grausame Spiel. Hier in Creußen wird ein großer Tontopf ohne Hahn in ca. 5 m Entfernung vom Bewerber aufgestellt. Nachdem diesem die Augen verbunden und er mit einem langen Prügel bewaffnet wurde, dreht der Oberschiedsrichter den „Topfschläger" mehrmals um die eigene Achse. Nun muß mit dem ersten Schlag der Topf zerbrochen werden, sonst kann der nächste der vielen jungen Bewerber sein Glück versuchen. Der Sieger erhält den lebenden Hahn, der in einem Korb abseits der „Schlägerei" deponiert war.

In ähnlicher Weise wird das Gregorifest in Pegnitz und Schnabelwaid gefeiert.

„Laderer Pletsch" in Unterleinleiter

In Unterleinleiter wird beim Brotbacken eine köstliche Spezialität mit im Holzofen gebacken: der „Laderer Pletsch", eine Art Zwiebelkuchen oder Zwiebelbrot. Die flachen, runden Teigstücke werden vor dem Backen mit Zwiebelscheiben belegt, mit Butterflöckchen verfeinert und mit Gabelstichen verziert.

Nach dem Backen dörrte man früher im noch warmen Ofen Obst.
„A schena Bern gibt a schena Hutzel."

Im kühlen Herbst oder kalten Winter diente der noch lauwarme Ofen manchem Liebespaar als warmer, wenn auch rußiger Unterschlupf.

Gregorifest in Creußen

Brotbacken

Zum bäuerlichen Besitz gehörte seit vielen hundert Jahren der Backofen, welcher meist wegen der Brandgefahr etwas abseits vom Hauptgebäude stand.

Diese malerischen, früher sehr notwendigen Backofenhäuschen mußten in den letzten 15 Jahren der Rationalisierung weichen und wurden häufig abgerissen. Fast alle Bauern kaufen ihr Brot beim Bäcker und nur noch ganz, ganz selten dienen die wenigen noch gebrauchsfähigen alten Backöfen ihrer ursprünglichen Zweckbestimmung.

In der Fränkischen Schweiz wird u. a. noch in Haselbrunn, Hollenberg, Kohlstein, Kuchenmühle, Kühlenfels, Pottenstein und Unterailsfeld das vielbegehrte und sehr rare Bauernbrot im alten Holzbackofen gebacken. Am Backtag muß das bereits am Vortag aus gärendem Sauerteig, Mehl und Wasser vorbereitete, zugluftempfindliche Gemenge im hölzernen Backtrog durchgeknetet werden. Schon in aller Herrgottsfrühe beginnt diese Tätigkeit, eine der schwersten Bauernarbeiten. Ein etwas ironischer alter Bauernspruch lautet: „Die drei schwersten Arbeiten des Bauern sind: das Kneten, das Beten und das Heuzusammentreten."

Mit bloßen Händen wird von einem Trogende zum anderen der zähe Teig durchgeknetet, vor und zurück, auf und nieder, immer, immer wieder, eine ungeheuer anstrengende Arbeit. Um die Qualität des Knetens überprüfen zu können, warf früher manch mißtrauischer Bauer ein Geldstück in den Teig, und die Madgd, die es nicht fand, weil sie den Teig nicht richtig durchgeknetet hatte, wurde gerügt (Harsdorf).

Außen glüht und prasselt der Ofen schon seit zwei Stunden. Ist er innen vor Hitze so recht weiß, wird die Glut mit der „Ofenkruckn" ausgeräumt, vor dem Ofenloch aufgetürmt und zuletzt mit einem nassen „Wisch" ausgefegt.

Nun wird die Ofenhitze nochmals mit drei in die Backschaufel gesteckten Ähren überprüft. Dreimal wird langsam im Inneren des Ofens herumgefahren. Sind die Ähren nußbraun gefärbt, kann mit dem Backen begonnen werden. Der in „Strohschüsseln" aufgeteilte Brotteig, vom Sauerteig aufgebläht, wird auf die Backschaufel gelegt und eingeschossen.

Mit brauner knuspriger Rinde kommt nach eineinhalb bis zwei Stunden das heiße, fertige Brot aus dem Ofen. In „Strohbackschanzen" tragen die Kinder das duftende Brot ins Haus. Ein würziger, kerniger Brotgeruch durchzieht den ganzen Bauernhof.

Wenn auch die meisten Bauern, wie wir alle, ihr Brot heute beim Bäcker kaufen, so haftet doch in vielen älteren Menschen noch immer eine tiefe Ehrfurcht vor dem Sinnbild der Nahrung, dem Brot. Sie wissen noch um die vielen Handgriffe bis zum fertigen Produkt. Das Feld mußte mit Pferd oder Ochs gepflügt, geeggt, die Saat gleichmäßig und sparsam ausgeworfen werden. In hochsommerlicher Hitze wurde beim Mähen und Einbringen der Ernte nochmals mancher Tropfen Schweiß vergossen. Das Dreschen, der Transport der schweren Getreidesäcke zur Mühle und das Brotbacken selber setzten die lange Reihe der mühevollen Arbeiten fort. Die Krönung dieser vielseitigen Arbeitskette war das fast feierliche Brotanschneiden. Manche christliche Bäuerin ritzte mit der Messerspitze drei Kreuzlein in den knusprigen Laib oder schlug das Kreuzzeichen darüber, bevor sie es anschnitt und an die Familienmitglieder, an die Knechte und Mägde verteilte.

Unser täglich Brot gib uns heute

Kraxenträgerin in Kohlstein bei Tüchersfeld

„Bauernfrühstück"

Der „Laderer Pletsch"

Brotzeitholer

„Wohl bekomm's"

Schlachtfest

Im Religionsunterricht fragte der Herr Pfarrer ein Bauernbürschlein, „das Gergla", nach den drei höchsten Feiertagen des Jahres. Ohne langes Überlegen kam freudestrahlend die Antwort: „Die Kerwa, die Fasnacht und das Wichtigste: das Schlachtfest."

Es war für die ganze Familie ein Ereignis und für die Kinder ein Höhepunkt im bäuerlichen Jahr.
Frisches Fleisch und Wurst gehörten nicht zu den alltäglichen Speisen, einen Braten gab es nur an hohen Feiertagen. Der Hausmetzger mußte da schon sein Handwerk verstehen, denn neben dem Schlachten kam es in dieser gefrierschranklosen Zeit vor allem auf die Weiterverarbeitung des Fleisches an.

Schon in aller Frühe wurde das sich sträubende, quiekende arme Schwein zum „Richtplatz" gezerrt. Manchmal durfte ein älterer Bub beim Abstechen das „Schwänzla" halten. Kinder oder unerfahrene „Schlachtfestzuschauer" wurden zum Nachbarn nach dem Wurstmaß geschickt. Wenn der „Wurstmaßholer" dann sein in einen Sack gestecktes „Meßinstrument", meist einige schwere Steine oder ein großes Stück Holz, auspackte, mußte er säuerlich grinsend das schadenfrohe Gelächter der anderen über sich ergehen lassen.

Im Holztrog wird das geschlachtete Schwein „abgebrüht" und mit einer Kette und anschließend mit den „Glocken" von seiner Haar- bzw. Borstenpracht befreit.

Aufgehängt an einem galgenähnlichen Holzgestell wird nun das „Suckerla" ausgenommen und halbiert. Vom Fleischbeschauer auf Trichinen untersucht kann es jetzt an der Luft auskühlen.

Manchmal blasen die Kinder oder sogar der Bauer die Schweinsblase auf und hängen sie an die Türe.

Im Hof ist der von unten beheizbare, transportable Wurstkessel aufgestellt, mit Wasser gefüllt und schon angeschürt. Kopf, Hals, Speck, Füße und die Innereien kommen in den kochenden Wasserkessel.

Ein Teil dieses dampfenden Kesselfleisches dient der „Schlachtgemeinde" als nicht gerade kalorienarmes Mittagessen. Der kleingeschnittene Rest kommt zum vorbereiteten, gewürzten Wurstbrei und wird in die gewaschenen, umgedrehten und mit Salz abgeriebenen Därme gefüllt. Die begehrten Blut- und Leberwürste und der beliebte Preßsack dürfen nicht kochen, sonst platzen die Naturdärme. Ein für diese verantwortungsvolle Aufgabe „abgeordnetes" Kind kontrolliert laufend das „Wurstthermometer" und schüttet bei ansteigender Temperatur kälteres Wasser in den Kessel.

Die erkalteten Schweinehälften zerteilt nun der Metzger, er sortiert nach Koteletts, Bratenfleisch u. a. Vor allem das fürs „Schwarzgeräucherte" vorgesehene Fleisch wird getrennt gelegt.

Noch immer gibt es einige Bauern, die diese im Schlot geräucherte, vielbegehrte oberfränkische Köstlichkeit nach altem Rezept selbst herstellen.

Die Schinken und das Bauchfleisch werden mit einer Grundmischung aus Salz, Pfeffer und Knoblauch kräftig eingerieben und dichtgepreßt in einem Holzkübel vier bis sechs Wochen eingelegt. Danach wird das „Sulfleisch" oder „Surfleisch" im Schlot oder neuerdings auch mit Buchen- oder Wacholderspänen in der Räucherkammer geräuchert.

Das arme Schwein am „Galgen"

. . . im Brühtrog

. . . im Wurstkessel

„Schlachtfestanzeiger"

Bald gibt's Kesselfleisch

Wurstfahrer

Am Abend, wenn fast alle Arbeit getan war, das Schlachtfest dem Ende zuging, saßen alle Beteiligten und Geladenen um den großen Holztisch und ließen sich bei Bier und manchem verdauungsfördernden Schnäpschen die „Schlachtschüssel" schmecken.

Da erklang früher oft im Hof Lärm, Gelächter und Musik. Durch die Tür drängten sich lustige, abenteuerlich verkleidete Gestalten, zwar ungebetene, aber gern geduldete Gäste, ja beliebte Mitesser, die „Wörschtfohra" (Wurstfahrer). Sie sagten ihre Sprüchlein auf, die von Gegend zu Gegend, ja sogar von Ort zu Ort, verschieden waren:

Wir ham ghört, ihr habt gschlacht
und habt so guta Wörscht gemacht,
gebt uns halt ana oder zwei
und a aweng Kraut dabei.

Wir ham ghört, ihr habt gschlacht
und habt recht langa Wörscht gemacht,
gebt uns ana von den langen,
die kleinen hängt ihr an die Stangen.
(Frankenwald)

Rücka, räcka Spieß,
a Wörschtla is uns gwieß,
gebt uns na die langa,
die kurzn laßt ihr hanga.

Eine Teufelsgeige, ein aus Holz, Blechbüchsen, Drähten, kleinen Glöckchen u. a. selbst zusammengebautes Lärminstrument, und ein Schifferklavier sorgten für eine zünftige musikalische Umrahmung. Es wurde getanzt, gesungen und gelacht, alles machte mit. Entweder lud die Bäuerin die lustige „Überraschung" zum Mitessen ein, oder sie erhielten in ihre mitgebrachten Töpfe für die unterhaltsame Einlage Wurstsuppe, Kraut und einige Würste.

Noch in den fünfziger Jahren war das Wurstfahren in der Fränkischen Schweiz in allen Variationen bekannt. Im Frankenwald war das „Spießlareckn", um Bayreuth das „Hafn- oder Hofnstellen" üblich.

In den Abendstunden machten die Kinder vor dem Haus, in dem geschlachtet wurde, einen „Heidenlärm", hielten einen Topf an einer Stange durchs Fenster und sagten mit verstellter Stimme ihre Sprüchlein auf:

> Mir ham ghört, ihr habt gschlacht,
> habt recht groBa, klana Wörscht gemacht.
> Drum lang mer eich die Schissl rei,
> tut uns ner was Saftigs nei.

Oft stand auch nur der Spruch auf einem Zettel und lag im Topf. Manchmal wurde nur ein Topf, ein Hafen, aufs Fensterbrett gestellt, von der Bäuerin mit Wurstsuppe und Würsten gefüllt und von den unbekannten „Hofenstellern" wieder vom Fensterplatz abgeholt.

Lahner aus Gasseldorf – der Erfinder der „Frankfurter Würstchen"

Gasseldorf, zwischen Streitberg und Ebermannstadt, ist der Geburtsort des Metzgermeisters Johann Georg Lahner (1772–1845). Von seinem Heimatort in der Fränkischen Schweiz zog er nach Frankfurt und später nach Wien.

Er gilt als Erfinder einer weltweit bekannten „Spezialität", der Frankfurter oder Wiener Würstchen.

Die Wurstfahrer kommen

Wiener Feinschmecker bezeichnen sie als den Champagner unter den Würsten.
Sogar der Kaiser soll sich lobend über diese knackige, delikate Wurstneuerung ausgesprochen haben.

So ist diese oberfränkische Erfindung, das „Wienerla" seit über 175 Jahren in aller Munde.

Hofer „Wörschtlamänner"

In „Bayern ganz oben", in Hof, gehören seit über 100 Jahren die „Wörschtlamänner" (Würstchenmänner) zum Stadtbild.

Ihre ganze Ausrüstung besteht aus einem umgehängten, holzkohlebeheizten, blankgeputzten Messingkessel, einem geflochtenen Brötchenkorb und einem Eimer für den Wurstvorrat.

Hinzu kommt noch die Schürze und im Winter die Lederjacke.
Bei jedem Wetter verkaufen sie an der Straßenecke wollige Weißwürste, saftige Bockwürste, knackige Wienerla und deftige Bauernwürste, mit oder ohne Senf, eingezwickt in knusprige Brötchen.

„Haaß sen sa, kold wern sa vo selba" schallt der bekannte Ausruf dieser originellen Wurstverkäufer den Passanten entgegen. (Für Nichtfranken eine notdürftige, saftlose Übersetzung: Heiß sind sie, die Würstchen, kalt werden sie von alleine.)

Ihre typischen, blinkenden Wurstkästen sind im Handel nicht erhältlich und werden als Sonderanfertigung geschickter Klempner mit weit über 1000,– DM honoriert. Als der bekannte Showmaster Peter Frankenfeld zum ersten Mal in Hof war, hat er einem Hofer „Wörschtlamo" seinen goldfarbenen Flaschnerfleiß vergeblich für klingende Münze abkaufen wollen.

Nach dem ersten Weltkrieg gab es noch über 20 dieser „fliegenden Straßenhändler", 1956 waren es immerhin 14. Bei solch harter Konkurrenz arteten die Auseinandersetzungen um gute Standplätze schon mal in Handgreiflichkeiten aus.

Noch gibt es einige wenige – 1984 sind es 5 – dieser „Wörschtlamänner", und es wäre schade, wenn in Zukunft nur noch das Denkmal aus Fichtelgebirgsgranit an die Zunft dieser „laufenden Würstchenbuden" erinnern würde.

Schlappentag in Hof

Der Hofer „Nationalfeiertag", der „Schlappentag", geht auf einen alten Brauch zurück.

Früher mußten die Schützen und Handwerker am ersten Montag nach Pfingsten zu Schießübungen für die Stadtverteidigung antreten.

Aus Bequemlichkeit oder damit keine Zeit für das Umziehen verloren ging, kamen sie in ihren Hausschuhen, den „Schlappen", zum Schießplatz.

Heute marschieren die „Schlappenschützen" an ihrem Gedächtnistag ins Rathaus, spielen dort auf und ziehen dann, nach Zünften geordnet, in einem bunten Festzug durch die Stadt zum „Schießheisla", dem Schützenhaus.

Dort wird das extra starke süffige Schlappenbier ausgeschenkt, das so „umwerfend" ist, daß die Sperrstunde für diesen Tag auf 21 Uhr festgesetzt ist.

Schnapsbrennen in Heimarbeit

ein altes Recht

Wenn der Winter sein frostiges Regiment begonnen hat, dampfen in den wenigen noch verbliebenen oberfränkischen Hausbrennereien die Kessel. In der Coburger Gegend, z. B. in Schottenstein, oder in der Fränkischen Schweiz, da in Moggast, Leutzdorf und Kleingesee, wird aus heimischem Obst und Korn Schnaps hergestellt.

Das alte, von Generation zu Generation vererbte Brennrecht der Schnapserzeugung wird noch immer wahrgenommen.

Streng sind die Auflagen des Zollamtes bei dieser „geistvollen Schnapsidee". Erst nach Genehmigung darf die verplombte Brennerei den Betrieb aufnehmen. Kontrolleure vom Zoll überwachen genau die „Schnapsdestille", damit ja kein Tropfen unversteuert durch die Kehle fließt.

Schon im Herbst wird das Obst, Zwetschgen, Äpfel und Birnen, in großen Holz- oder Polyesterfässern eingemaischt und wartet – nach natürlicher Vergärung – in der Scheune oder im Keller bis zum Winter auf die Weiterverarbeitung zum Zwetschgenwasser, Birnengeist oder Obstler. Die Grundlage des bei Kennern beliebten Kornschnapses ist ein Gemenge aus geschrotetem Weizen und Korn, aus Malz und Hefe und wird erst einige Tage vor dem Brennen eingemaischt.

Ist der komplizierte Vorgang mit Verflüssigung und Verzuckerung der Stärke und anschließender Vergärung des Zuckers in Alkohol und Kohlensäure abgeschlossen, muß die vergorene Maische so bald wie möglich gebrannt werden, um die Gefahr der Säuregärung zu vermeiden.

Die Obstmaische oder die Kornmaische wird jetzt in die Brennblase umgefüllt, der Ofen angezündet, und der Brennvorgang beginnt. Sorgfältig muß der Druck und die Brenntemperatur überwacht werden, denn bei zu hoher Siedetemperatur werden vermehrt die nicht erwünschten, öligen, fuseligen, schwerflüchtigen Nebenbestandteile mit herausdestilliert. Der durch das Gären in der Maische entstandene Alkohol wird bei ca. 78° gasförmig. Der Dampf wird durch ein Röhrensystem geleitet, kondensiert wieder und kommt als „Lutterwasser", als „dünner" Schnaps mit 20–30% Alkoholgehalt aus der Brennerei heraus. Nach diesem ersten Brand, dem Rohbrand, der ca. 4 Stunden dauert, wird bei älteren Brennereien nochmals destilliert.

76%iger Weingeist ist das Ergebnis dieses zweiten Brandes, des Feinbrandes. Die Verfeinerung dieses gehaltvollen Erzeugnisses auf 40–45% ergibt den individuellen Geschmack des Schnapses und ist wohlgehütetes Geheimnis der verschiedenen Hausbrenner.

Manche der nicht zu echtem oberfränkischem Zwetschgenwasser verarbeiteten Früchte werden getrocknet zusammengesteckt, bäuerlich-fränkisch eingekleidet und kommen vielleicht als eine andere beliebte fränkische Besonderheit, das „Zwetschgenmännla", auf den weihnachtlichen Gabentisch.

„Willst an, der die net ärgern ko, dann kaaf der halt an Zwetschgamo" soll eine lebenserfahrene Bäuerin zu ihrer frischvermählten Tochter gesagt haben, weil ihr das Genörgel über deren allzu wirtshausfreundlichen Ehemann einfach zu viel wurde.

Hofer „Wörschtlamo"

Beim Anschüren

Die Maische wird geprüft

Jetzt wird gebrannt

Bier

Schon die Menschen des Altertums kannten das Bier. Zwar konnte dieses Gebräu nicht mit unseren Bieren verglichen werden, es fehlte noch der konservierende, geschmacksverfeinernde Hopfen, und auch sonst lag noch manches im argen.

Herzog Wilhelm IV. v. Bayern (1493–1550) erließ 1516 das heute noch immer gültige Reinheitsgebot, wonach Bier nur aus Malz, Hopfen, Hefe und Wasser gebraut werden darf.

„Was flüssig ist, bricht kein Fasten", sagten die Mönche und brauten für die Fastenzeit kräftige braune Hopfenbiere, welche sie zu ihrer kargen Fastenkost tranken.

Von den Klöstern übernahmen die Städte die Kunst des Bierbrauens. Mancher Bürger stellte den für die Familie benötigten Haustrunk selbst her, und wenn „über" eigenen Bedarf gebraut wurde, dann verkaufte der „Hauswirt" schon mal an Gäste sein hausgebrautes Bier. Die Haus- oder Kommunbrauerei und das Schankrecht regelten die örtlichen Gepflogenheiten und ortspolizeilichen Vorschriften. Bier gehört zu Oberfranken wie die Bayreuther Klöß', das Bamberger Gemüse und die Coburger Bratwürste. Zur groben Kenntnis der oberfränkischen „Bierlandschaft" gehören wenigstens drei besondere Biersorten: der „Eisbock" aus Kulmbach, das „Bamberger Rauchbier" und das dunkle „ungespundete Hausbier".

In Neuhaus an der Pegnitz zeigt ein besonderes Trinkzeichen den Ausschank dieses Hausbieres an. Hier hängt an einer 2,5 bis 3 m langen Stange ein hölzerner, blau-weiß gestrichener Davidstern. Meist „ruht" der Bieranzeiger eingezogen am Haus. Pendelt der Stern aber an der ausgeschobenen Stange, so kommt das hochprozentige Kommunbier zum Ausschank. Denn in Neuhaus wird noch von wenigen Familien das alte, fast ausgestorbene Braurecht ausgeübt. In der guten Stube kann man hier bei Schifferklaviermusik manch netten, zünftigen Bierabend verbringen.

Das Dorfwirtshaus

Das alte gemütliche Wirtshaus mit den geölten Dielenbrettern, der Ofenbank und den hölzernen Stühlen und Tischen, der Mittelpunkt der dörflichen Freizeit, der gewohnte Ort der Zusammenkünfte verschwindet aus den Dörfern oder ist schon verschwunden.

Wo solch ein gemütliches Wirtshaus noch steht und der Wirt sein Bier noch selbst braut, ist an Wochenenden oder Feiertagen nur schwer ein Plätzchen zu ergattern.

Neben anderen, bereits modernisierten Pilgerstätten der Biertrinker und Brotzeitmacher sei hier stellvertretend für noch so manche urwüchsige Wirtshäuser die Kathibräu von Heckenhof bei Aufseß genannt. Dieses weitum bekannte Fachwerkwirtshaus mit dem runden Backofen davor war einst ein Landschlößchen der Freiherren von Aufseß.

Bis vor kurzem stand die Kathi noch von früh bis spät am Ausschank, um ihre zahlreichen Gäste aus allen Teilen Oberfrankens mit dem fast schwarzen, selbstgebrauten Heckenhofer Kathibier zu versorgen.

Seßlach: das oberfränkische Rothenburg

„Flinderer" in Pegnitz

Das Wort „flindern" könnte auf das Flattern des grünen Buschen zurückzuführen sein.

Seit 400 Jahren haben die Pegnitzer Bürger das Recht „zu malzen und zu brauen", und in der Sommerzeit wurde abwechselnd von dieser Sitte des Bierbrauens reger Gebrauch gemacht. Im Laufe der Zeit sind die alten Rechte verloren gegangen. Aber die Liebe zum guten Bier und einer kräftigen Brotzeit ist geblieben. So wird das zünftige, stärkere Flinderer-Bier von den Pegnitzer Brauereien extra gebraut.

Die Wirtschaft, die flindert, hängt einen frischen Laubbuschen über die Eingangstüre. Früher waren es auch gekreuzte Hopfenstangen mit Blechblättchen, die im Wind „flinderten". Eine Woche flindert jede Wirtschaft. Da gibt es dann schon ab neun Uhr früh zum süffigen „Extra-Bier" die unvergleichlichen „Hausmacher-Brotzeiten": Bratwürste, gebraten oder sauer – saure oder blaue „Zipfel" genannt –, Blut- und Leberwürste, Kesselfleisch, – in Pegnitz „Schipf" genannt – Hirn- und Jagdwurst, roter und weißer Preßsack und Tellersülze. Und natürlich Sauerkraut, wo immer es dazu paßt. Zu den Flinderer-Spezialitäten gehören außerdem noch „Knöchla" mit Kraut, „Ripple", Krenfleisch und der altbekannte Schweinebraten.

Vor allem nach dem letzten Krieg waren die „Freßtage" eine schöne Sache. Vom Briefträger bis zum Geschäftsmann, vom Handwerker bis zur einkaufenden Hausfrau, jeder „schaute mal schnell rein" um ein paar Bratwürste, oder eine frische „Schipf" zu verdrücken oder wenigstens eine Brotzeit über die Straße mitzunehmen. Manchmal mußte für die vielen Flinderer-Gäste in den Wirtshäusern am Markt noch der Flur, die Wohn- und Schlafstube ausgeräumt und zur zusätzlichen Gaststube umfunktioniert werden.

Eigentlich durfte nur von den Häusern und Gaststätten am Markt geflindert werden, die das Braurecht besaßen.

Flindererbuschen in Pegnitz

Beim „Flindern"

Heute, bei dem allgemeinen Wirtshaussterben, wird das Flinderer-Recht nicht mehr ganz so ernst genommen. Mancher berechtigte Wirt scheut die viele zusätzliche Arbeit, und so wird auch außerhalb des Marktplatzes fleißig und keineswegs schlecht geflindert.

Es ist auch heute noch eine urgemütliche, beliebte Pegnitzer Besonderheit, wenn im Frühsommer abends die Flinderer-Freunde von nah und fern dichtgedrängt bei Musik und Gesang, bei Bier und kräftigem Essen im Biergarten oder in der Wirtsstube zusammensitzen.

Annafest in Forchheim

Neben dem Walberlasfest im Mai auf der Ehrenbürg gehört das „Annafest" in Forchheim mit zu den beliebtesten Volksfesten Oberfrankens. Es ist das Gegenstück zur Erlanger Bergkirchweih. Um den 26. Juli, den Gedächtnistag der Mutter Marias, wird im Kellerwald zehn Tage lang das gehaltvolle Festbier ausgeschenkt. Unter schattigen Laubbäumen kann hier bei zünftiger Musik nach Herzenslust gegessen und getrunken werden. Auf der Festwiese sind von der Schiffschaukel bis zum Karussel alle möglichen und unmöglichen Attraktionen zur Belustigung der zahlreichen Besucher aufgebaut. Ein glanzvoller Festzug aus vielen Wagen und Fußgruppen schlängelt sich alle fünf Jahre stundenlang durch Forchheim. Der Ursprung dieses Annafestes ist wahrscheinlich aus der jährlichen Wallfahrt der Forchheimer zur zwei Stunden entfernten Annakapelle in Unterweilersbach entstanden. Beim Heimweg kamen die frommen Pilger dann müde, hungrig und durstig zu den tiefen Rhätsandsteinkellern im Forchheimer Bürgerwald, labten sich dort am frischen Bier und stärkten sich mit kräftigen Brotzeiten. Die Kapelle, die auf dem Hinweg für ernste sakrale Musik zuständig war, spielte jetzt ebenso gekonnt heitere, fränkische Melodien.

Die „Kathi" von Heckenhof

Am Bierkeller

Büttner – ein aussterbendes Handwerk

Alte Landbrauereien und viele brauberechtigte Bauern verwenden noch die alten Holzfässer. Erfahrene Biertrinker behaupten, der süffige Stoff aus den ausgepichten Holzfässern schmecke besser. In ähnlicher Weise schwören Kognakgenießer auf Weinbrand, der in Eichenfässern gereift ist. Aber die modernen pflegeleichten Aluminiumfässer haben die hölzernen fast verdrängt.

So ist ein früher weit verbreiteter Handwerksberuf, der Büttner, Küfer, Schäffler, Böttcher oder Faßbinder vom Aussterben bedroht. In dem malerischen Städtchen Weismain betreibt jedoch heute noch der Büttnermeister Weiß diesen sehr seltenen Beruf.

Schon von weitem fällt der 7 m hohe Turm aus geschichteten, bereits zugesägten Eichenholz-Faßdauben auf. Der wohl noch einzige Faßdaubenturm in ganz Bayern, vielleicht in ganz Deutschland, wurde von dem Lehrbuben fachgerecht geschichtet. Früher war es bei Schäfflermeister Weiß sen. keine Seltenheit, daß mehrere bis zu 10 m hohe Faßdaubentürme ein bis zwei Jahre zum Trocknen im Hof standen.

Aus diesen zugesägten, getrockneten Hölzern werden die eigentlichen Faßdauben heute mit der Maschine gerundet und konisch zugefräßt, während dies früher auf der Schnitzbank mit dem Schnitzeisen erfolgte. Dann werden die Dauben gekocht und mit verschiedenen Klammern, je nach Daubengröße, heiß und naß in der Presse gebogen. Eine oben und unten gefräßte Nut ist für den Deckel und den Boden bestimmt. Als Dichtungsmaterial kommt Schilf zwischen die einzelnen Faßdauben. Die selbstgeschmiedeten Eisenringe werden mit dem Hammer und Keil über die Fässer getrieben.

Hölzerne Bierfässer brauchen ihre Pflege. Büttnermeister Weiß repariert auch defekte Fässer, und vor allem müssen Holzfässer regelmäßig neu ausgepicht werden.

In einem Topf wird das Pech, meist Fichtenharz, erhitzt. Bevor der Lehrbub mit einem Trichter das heiße Pech einfüllt, ist mit einer Art Feuerlanze das alte Harz im Faß abgebrannt worden. Das dampft und stinkt, und stickige Rauchwolken nehmen einem fast den Atem.

Jetzt wird das Spundloch verschlossen und das Faß hin- und hergerollt oder auf eine Faßdrehmaschine gelegt, damit es im Innern keine Klumpen gibt und das Pech gleichmäßig überall antrocknet und abdichtet. Lustig sieht es aus, wenn der Büttner bei dieser Arbeit hinter dem rollenden Faß herrennt.

Der zweite uns bekannte noch „amtierende" Büttner betreibt sein seltenes Handwerk in Buchenrod im Itzgrund. Fast 70 verschieden große Holzfässer sind im Hof des Anwesens in drei langen Reihen aufgestellt. Laut klingt der Taktschlag des Büttners durchs Dorf, wenn er mit kräftigen Hammerschlägen rings ums Faß die lockeren Reifen festkeilt.

Die dampfende „Pichmaschine" ist schon angeheizt. Mit einer Pumpvorrichtung wird über ein Standrohr das flüssige, heiße Pech durchs Spundloch in das aufgesetzte Faß gesprüht. Kinder und Frauen rollen die verschlossenen Fässer auf einer am Boden liegenden, leiterähnlichen Bierrunge hin und her. Das langsam erkaltende Pech soll gleichmäßig im Innern an der Faßwand verteilt werden.

Mit einem heißen konischen Eisen brennt der Büttner Reißenweber die oberen Spundlöcher aus und verschließt sie mit neuen Korken, gießt als zusätzlichen Verschluß noch etwas Pech über die Stöpsel, und dann ist das frisch ausgepichte Faß abholbereit.

Beim Auspichen in Buchenrod (Itzgrund)

Büttner in Weismain

Faßdaubenturm in Weismain

Ein Faß entsteht

Das alte Pech wird ausgebrannt

Schäfflertanz in Kulmbach

Kommunbrauerei in Buchenrod

In Buchenrod im Itzgrund wird im Vorfrühling und Herbst der im Kommunbrauhaus gebraute Haustrunk in Blech- und Holzbutten in die Felsenkeller der Brauberechtigten getragen.

In diesen zahlreichen Bierkellern wird mit einem hölzernen Trichter der Gerstensaft in alte, noch vom dorfeigenen Büttner ausgepichte Holzfässer abgefüllt.

Nach einigen Wochen ist der Gär- und Lagerungsprozeß abgeschlossen, das Bier ist ausgereift und kann getrunken werden.

Bei unseren Wanderungen durch Oberfranken konnten wir in der Nähe vom Gügel solch einen frisch gezapften Kellertrunk aus einem mächtigen Steinkrug kosten. Ein Bauer aus Zeckendorf holte sich mit dem Traktor seinen abendlichen Haustrunk aus dem nahen Felsenkeller und krönte unsere wunderschöne, wenn auch schweißtreibende Sommerwanderung mit seiner erfrischenden „Bierspende".

Biertragen in Seßlach

Im alten Kommunbrauhaus von Seßlach, dem oberfränkischen Rothenburg, wird für den Gasthof Reinwand alle sechs Wochen dunkles Bier gebraut.

Sechs Bierträger (drei Frauen und drei Männer) tragen in Blechbutten das Bier vom Brauhaus ca. 250 m zur Wirtschaft. Früher wurden Holzbutten verwendet, die zwar schwerer, aber nicht so kalt am Rücken waren. Bei den heutigen Blechbutten wird von einigen Trägern ein Schaumgummikissen als Isolierung verwendet. Denn wenn man fast zwei Stunden über 30 mal mit rund 34 l kaltem Bier auf dem Buckel von der Brauerei zur Wirtschaft läuft, kühlt der Rücken ganz schön aus.

In der Brauerei wird durch einen Schlauch das Bier abgesaugt und in die Butten der Bierträger gefüllt, die unter dem Fenster stehen. Ist das Gefäß voll, macht sich sein Träger gemessenen, gleichmäßigen Schrittes auf den Weg. Der Bierschaum bremst zwar die „Schwappbewegung" des jungen Gerstensaftes, aber wer nicht vorsichtig und gleichmäßig geht, der erhält eine Ladung eiskalten „Hopfentee" ins Genick. Wie uns die Biertransporteure aber versicherten, sei es ganz einfach. Wasser, ohne den bremsenden Bierschaum, würde sich viel schwerer tragen lassen.

In der Wirtschaft wird das dunkle, frische Bier mit gekonnter Eleganz langsam in einen großen Holzbottich geschüttet. Von diesem geht eine Leitung zu den Lagertanks im Keller. Für Gäste, welche den würzigen Trunk sofort kosten möchten, füllt die Wirtin den Bierkrug gleich beim Eingießen in den Holzbottich. Eine echte, gelegentlich aber auch „spritzige" (im wahrsten Sinne des Wortes) Köstlichkeit.

Biertragen in Seßlach

Kommunbraubetrieb in Buchenrod

Plankerwa in Ebersdorf bei Ludwigsstadt

Kerwa

Den Auftakt zur oberfränkischen Kerwasaison gibt der Bayreuther Stadtteil St. Georgen. Die „Brannaburcha Kerwa" am letzten Sonntag im April ist uns als frühester Kirchweihtermin bekannt. Dann geht es Schlag auf Schlag mit den „Kerwafeiern" bis weit in den Oktober hinein. Da gibt es u. a. die Stadel-, Schupfen-, Hütten-, Zelt-, Haus- und Sportplatzkerwa, die Berg-, Walberla-, Bären-, Linden-, Zwetschgen-, Freß- und Krenfleischkerwa, die Himmelreich-, Haupt-, Nach,- Herbst-, Bartholomäi-, Jakobi-, Michaeli- und die Allerweltskerwa. Die Martinikerwa im November in Nankendorf ist wohl das späteste dieser so beliebten heimatlichen Feste, denn Kathrein (25. 11.) stellt Tanz und Fiedel ein.

Die Kerwa (Kirchweih, Kirmes, Kirta, Kirwa), der Konsekrationstag der Ortskirche, ist seit je eines der wichtigsten Bauernfeste, oft reich inszeniert mit Gaudi und Lustbarkeiten und vor allem mit vorzüglichem fränkischem Essen.

Die Verwandten und Bekannten aus nah und fern werden eingeladen und kommen meist auch sehr gern.

Ohne Vorbereitungen, ohne Organisation kann so eine Familienzusammenkunft nicht ablaufen. Man will sich ja nichts „nochsogn" lassen. Am Beginn herrscht immer ein ausgesprochenes „Weiberregiment", die weiblichen Hausbewohner putzen und fegen das Haus auf Hochglanz. Es werden Brot, Kuchen und Kiechla gebacken. Vor allem „Kiechla", ein in heißem Fett gebackener Hefeteig, gehören zu jedem größeren oberfränkischen Fest. Angeblich sollte der Kiechlasteig über einem spitzen Frauenknie zur charakteristischen runden Form, mit der „Blosn" in der Mitte, ausgezogen werden. Ein alter Spruch schildert treffend diese appetithemmende Methode:

> Is des Knie schee dreckert,
> schmeckn Kiechla speckert,
> is des Knie schee sauba,
> do fehlt ihm der Zauba.
> Drum backst Kiechla, wiesd grod bist,
> die Hauptsach is, daß jeder frißt.

Geschickte Bäuerinnen machen die „Ausgezogenen" aber frei aus der Hand.

Zu den Kerwavorbereitungen gehört auch das Schlachten, denn die vielen hungrigen Gäste wollen nicht auf die Siedwürste, den hausgemachten Preßsack und am Sonntag auf den Schweinebraten mit den grünen Klößen verzichten.

Früher waren die drei oberfränkischen Klößtage der Dienstag, der Donnerstag und der Sonntag. Wer diese Zeitrechnung nicht einhielt, verstieß gegen ein oberfränkisches „Fundamentalgesetz".

Die Klößtage sind seltener geworden, aber wer noch echte oberfränkische „Kleeß" mit den verschiedenen Braten als „Beilagen" essen will, der sollte „auf a Kerwa" fahren.

Von den jungen Burschen wird am Samstag der Kerwabaum im Wald ausgesucht, gefällt, bis auf die Spitze entastet und ins Dorf transportiert. Er sollte immer etwas höher als der vorjährige sein, aber unbedingt größer als der vom Nachbardorf.

Selten bereichern den mit Bändern geschmückten Kranz geräucherte Würstchen und „Kiechla" (Oberailsfeld).

Mancher stolze, unbewachte Kerwabaum wurde in dunkler Nacht von Burschen aus den Nachbardörfern abgesägt und gestohlen.

Die Betzensteiner schützten den „empfindlichen" Stamm unten mit aufgenagelten Bandeisen, tarnten die eiserne Rüstung mit Birkengrün und konnten so eine Weidenseeser „Blitzaktion" verhindern. Die Gefoppten mußten außer mit dem Spott auch noch mit stumpfer, unbrauchbarer Säge ihren Rückzug antreten.

Am Kerwasamstag werden die Buden und Stände, die Schaukel und das Karussell aufgebaut.

Stellvertretend für viele auch heute oft noch recht „zünftige" oberfränkische Belustigungen stehen die folgenden besonders markanten und noch urwüchsigen „Kerwa-Feierlichkeiten".

Kerwabaumaufstellen in Oberailsfeld

Beim Ausbuttern

Die Butter wird „gemodelt"

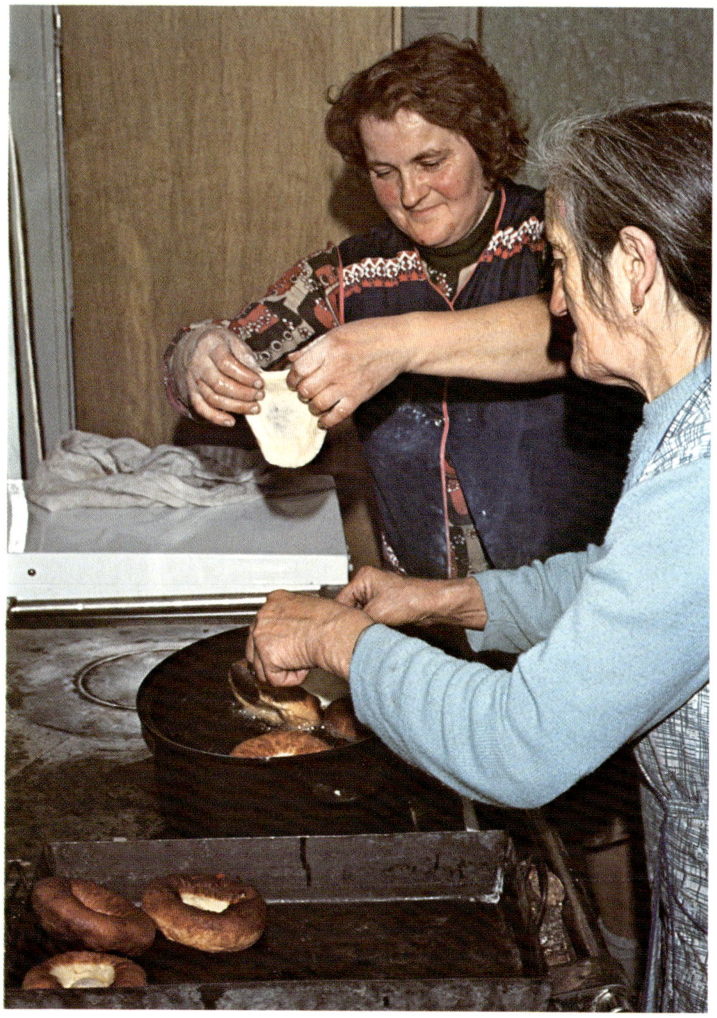

„Kiechla"-backen

Die Lindenkerwa in Limmersdorf

In vielen oberfränkischen Ortschaften gibt es heute noch die alte Dorflinde, früher der Mittelpunkt des gemeindlichen Lebens. Unter dem riesigen, schattigen Laubdach wurde Beratung und Gericht gehalten. An Sonn- und Feiertagen tanzte in ihrem Schutze die Dorfjugend. Bekannte oberfränkische Linden stehen in Effeltrich, Kasberg, Kersbach, Gräfenberg, Staffelstein und in Limmersdorf bei Thurnau.

Im August, am Sonntag nach Bartholomae (24.) ist dieses berühmte Naturdenkmal der Mittelpunkt der Limmersdorfer Lindenkirchweih. Auf die starken, von Steinsäulen gestützten Äste des alten Baumes wird in ca. 3 m Höhe ein hölzerner Tanzboden eingezogen. Er ist über eine Treppe zu ersteigen. Zehn und mehr Paare können sich im Blätterdach dieses einmaligen Baumes drehen. Fast 300 Jahre besteht diese Limmersdorfer Lindenkerwa und die Organisation übernehmen traditionsgemäß jedes Jahr die vier ausgewählten „Platzpaare".

Ein widerwillig laufender, mit „Grünzeug" verzierter Hammel führt am Sonntag den Umzug an. Unter „Tschuihuijuuhh"-Rufen, fleißigem Bierkonsum aus den bekränzten Steinkrügen oder dem „Sprenger", einer mit Bier gefüllten Gießkanne, und unter flotter Blasmusik holen die Burschen ihre vier Platzmädchen von zu Hause ab. Leider wird die bunte, schmucke Tracht früherer Jahre heute von den – immerhin blumengeschmückten – Mädchen nicht mehr getragen. Die am Zylinder und den weißen Kerwaschürzen kenntlichen Platzburschen drehen in oder vor jedem „Madlahaus" ein paar Tanzrunden, und weiter geht's, bis die „Platzpaare" vollzählig sind.

Alles versammelt sich bei der Linde, wo erst unter und dann auf dem Tanzboden in der Baumkrone des Baumveteranen getanzt wird. Wenn dann zünftige Kerwamusik, das Singen, Jauchzen, Lachen und Stampfen der drehenden Tanzpaare aus dem grünen Blätterdach zu den vielen Zuschauern herunterklingt, ist diese einmalige Lindenkerwa in vollem Gange. Vom Turm der mauerbewehrten Johannes-Kirche flattert die Kirchweihfahne. Auf der Sandkegelbahn schieben kräftige Buben- und Männerfäuste manche nicht gerade ruhige Kugel.

Ein ähnlicher Umzug wie am Sonntag sorgt am Kerwa-Montag für lustige Unterhaltung. Jetzt holen die Mädchen ihre „Platzburschen" ab.

Ein letzter Höhepunkt dieser mehrtägigen Limmersdorfer Baumkerwa ist die Verlosung des Platzhammels. Den mehr oder weniger glücklichen „Schofbetzn"-Gewinner begleitet die „Kerwamusik" bis vor die Haustüre.

Das „Rumspieln" am Kerwamontag in Weiher bei Hollfeld

Ein früher weitverbreiteter alter Kerwabrauch, „das Rumspielen", verhilft den Kerwaburschen von Weiher bei Hollfeld zu Körben, die mit verschiedensten Spenden gefüllt sind.

Am Kerwamontag, so gegen 16 Uhr, zieht die lustige Schar, Strohbär, Schlotfeger, Friseur, Eier- und Krapfensammler von Haus zu Haus und sammelt Bier, Eier, Kiechla und auch Geld. Das Geschrei der seltsamen Gestalten wird lautstark von einigen Musikanten übertönt.

Auf geht's!

Das „Aufspieln“ am Kerwasonntag in Haag, Trockau, Obernsees

In den Ortschaften, wo noch „Kerwaborschen“ ihr „Unwesen“ treiben, wird am Kerwasonntag so gegen 16 Uhr „aufgschbilld“ (aufgespielt). Mit Musik und Gaudi geht's zu einem größeren Platz, meist vor die Kirche oder vor das Dorfwirtshaus.

Die biergefüllten Gießkannen, von den „Sprengertrochern“, den „Oberkerwaburschen“, getragen, gehen von Mund zu Mund und jeder, ob Kerwabursch oder Zuschauer, nimmt einen kräftigen Schluck. Ein schmuckes Bild, wenn die Burschen in weißen Schürzen, in der einen Hand die blumengeschmückten Bierkrüge, an der anderen ihre Kerwamädchen, sich im Kreise aufstellen.

Die Musik hört kurz auf, und die „Schärzaburschen“ treten abwechselnd in die Mitte des Kreises und singen ihre lustigen, nicht immer ganz stubenreinen „Schlumperliedla“ auf. Jedem Vers folgt immer die gleiche musikalische „Hintermalung“ und das Gelächter der vielen Zuschauer:

Wenn die Gseesa Bauan kumma,
ihra siema, naina:
hört ma scho va weitn
die Mistlbocha greina.

Ich bi glotzat, du bist glotzat;
welln mia ananna nehma:
wemma glotzata Kinna krieng,
no braucht sie kans zu scheema.

Spillt ner auf ihr Musikanten,
spillt ner auf ihr Dudlsäck.
Wenn die Tola nimma langa,
zohln ma eich mit Hosaknöpf.

Heit do geht die Kerwa oh,
do kummt mei Tanta Meich,
die brängt a Säckla Ärpfl mid,
do koch ma Klees und Fleisch.

Haaja hob i net vüll baut:
bluß a Füdala latschats Kraut,
bluß a Weechala weißa Rum
und – an klan Bum.

Wenn alla scheena Madla dreha,
bluß meina kummd net noch
mit ihra krumma Zeha,
eijeih is des a Bloch.

„Kerwarasur“ in Kühlenfels und Plankenfels

Ein lustiger, unterhaltsamer Brauch ist für die Nichtbetroffenen die Kerwa-Rasur in Kühlenfels.

Am Kerwamontag wird das „Herumspielen“ von einem als Schäfer verkleideten Burschen und einem mit Luftballons und Mütze „aufgetakelten“ Hammel angeführt.

Fleißig wird vom Bier, der mitgenommenen „flüssigen Wegzehrung“, getrunken, und auch der etwas störrische „Schafhammel“ bekommt einen „Beruhigungsschluck“.

Limmersdorfer Kerwa

Kerwa in Plankenfels

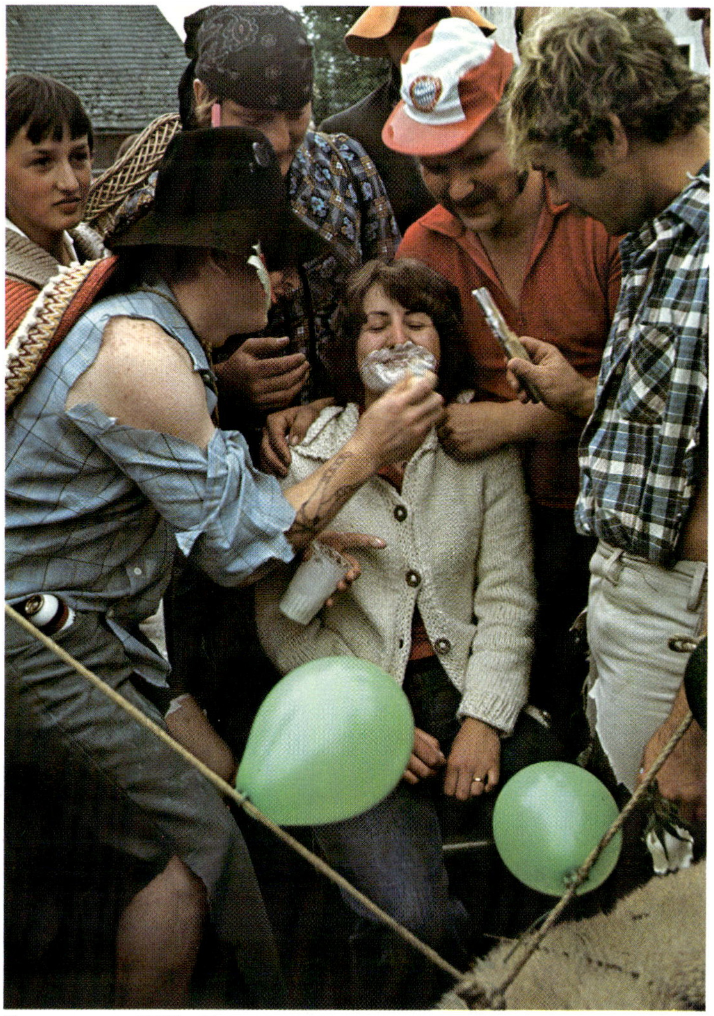

Kerwarasur in Kühlenfels

Die musikalische „Umrahmung" besorgt ein Harmonikaspieler. Vier kräftige, abenteuerlich herausgeputzte Kerwaburschen zerren plötzlich aus der Zuschauermenge ein Mädchen heraus, setzen sie gewaltsam auf den vorsorglich bereitgehaltenen Stuhl und halten sie fest, die Rasur beginnt. Lachend, prustend und in den Mund geratenen Seifenschaum um sich spuckend wird das zarte Mädchengesicht nicht gerade zimperlich mit einem großen Holzmesser „rasiert", vom Seifenschaum wieder befreit. Sind alle jüngeren „Weibersleut" behandelt oder haben sie sich außer Reichweite der Figaros in Sicherheit gebracht, bleiben auch ältere Frauen nicht verschont. Eine Bauersfrau in Tracht wurde aus der Menge herausgehoben und ordentlich mit Schaum eingeseift und rasiert. Ihr lautstarkes Zetern und Schimpfen brachte ihr unter dem schadenfrohen Gelächter der Zuschauer zwei zusätzliche Extra-Rasuren ein. Plötzlich Geschrei und großes Hallo, zwei Mädchen haben sich in ihrem Haus eingeschlossen. Mit einer langen Leiter stürmen die „Friseure" das Haus im Handstreich.

Über den Dachfirst eines etwas niedrigeren Hauses führt der nicht ungefährliche „Kriegspfad" zum Bodenfenster der Belagerten. Durch das eingetretene Fenster (der Schaden wird am nächsten Tag voll ersetzt) verschwinden die Burschen und erscheinen anschließend unten an der Haustüre mit ihren eroberten Opfern, denen jetzt eine sehr ausgiebige Rasur zuteil wird.

Ähnlich ist das Herumspielen mit Rasur in Plankenfels. Bei diesem Umzug, zu dem hier Musikanten, Strohbär, Treiber, als Mädchen verkleidete Burschen, Friseur und Schlotfeger gehören, werden männliche und weibliche Zuschauer rasiert, auch zufällig vorbeifahrende Autos gestoppt, die Insassen herausgezogen und zwangsrasiert. Mit einer langen Rundbürste stochert der Schlotfeger dann im Auspuff herum, um den „Durchzug" zu überprüfen, jetzt erst darf die Fahrt fortgesetzt werden.

Am Ortsausgang fällt der strapazierte Schlotfeger vor „Entkräftung" um, wird auf seiner Leiter durchs Dorf bis vor die Wirtschaft getragen und hingelegt. Nach einer lustigen Grabrede bekommt der „Tote" einen kräftigen Wasserguß übers Gesicht, der ihn schnell wieder ins Leben zurückruft.

Bärenkerwa in Bindlach

Seit über 50 Jahren feiern die Bindlacher Sportler Anfang August die Bärenkerwa.

Die Hauptattraktion dieses bekannten Sportlerfestes ist für viele Kinder des Bayreuther Landes der Bärenumzug.

In der warmen Augustsonne wird ein Kerwabursch in einer schweißtreibenden Bärenverkleidung unter dem Jubel der Kinder an einer langen Kette von seinem Treiber durch Bindlach zum Waldsportplatz gezerrt. Ihm folgt eine Blaskapelle.

Diesem traditionellen Umzug und dem Spitznamen „Bindlacher Bären" soll folgende kuriose Geschichte zugrunde liegen.

1886 wollte ein Bärenführer mit seinen zwei Tanzbären in der Brauereigaststätte nächtigen. Da für Mensch und Tier kein Quartier mehr frei war, mußte der Treiber mit seinen Tieren weiterziehen. Als die beiden Bindlacher Nachtwächter später in Brauereinähe verdächtiges Knurren, Brummen und Stampfen hörten, bliesen sie ins Horn und riefen die ganze Nachbarschaft mit ihrem „der Bär ist los" zusammen. Der übereifrige Pfarrer stürmte mit geladenem Gewehr das Kirchberglein herunter und erschoß statt des vermeintlichen Bären eine harmlose Kuh aus der nahen Brauerei.

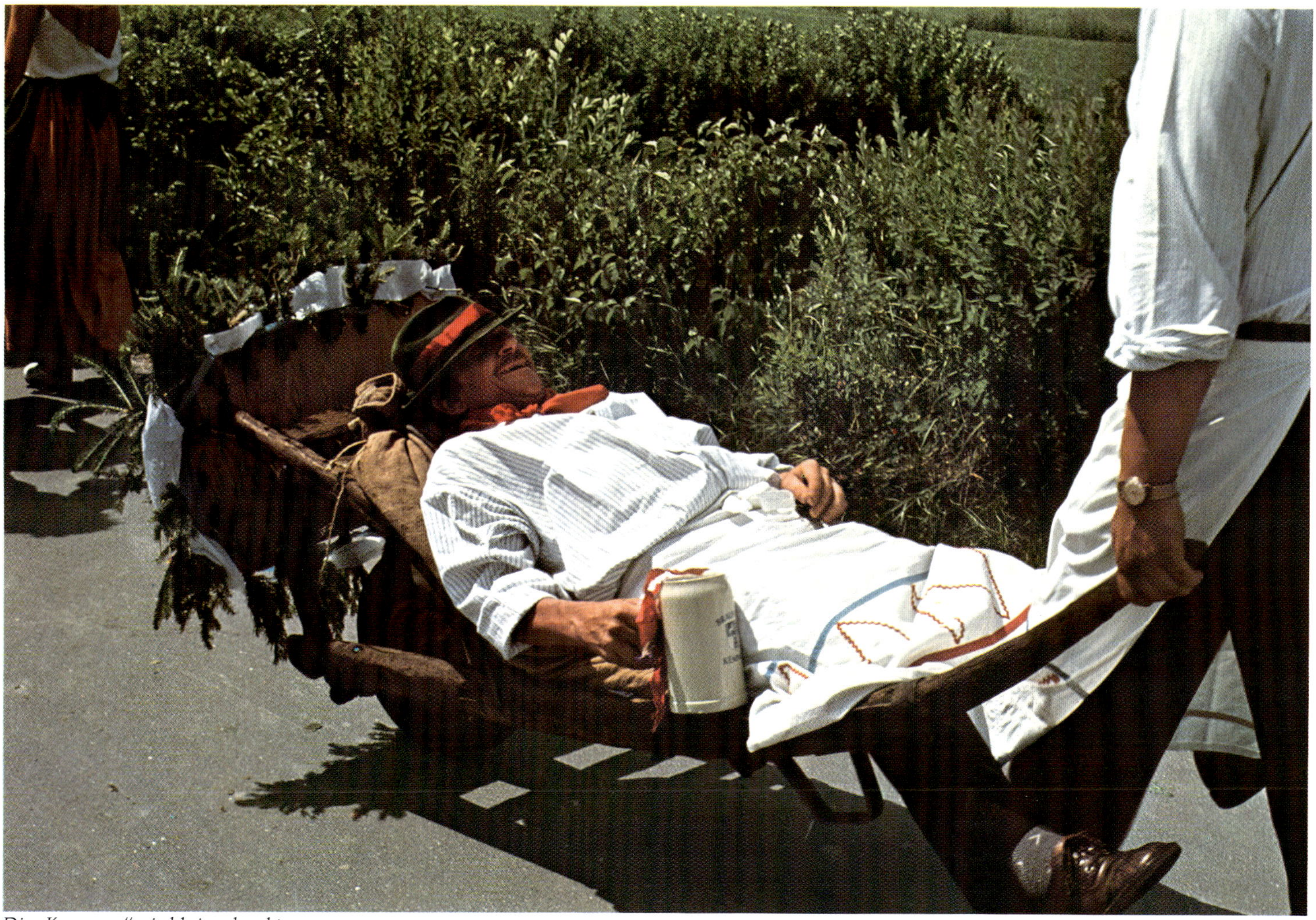

Die „Kerwasau" wird heimgebracht

Bindlacher Bärenkerwa

Kerwabeerdigen, „Kerwaeigrom" in Glashütten und Frankenhaag

Das „Kerwaeigrom" (eingraben) auf dem Dorfplatz in Glashütten ist schon ein alter „Ritus" des Burschenvereins.

Am Dienstagabend bewegt sich eine heulende und wehklagende Trauergemeinde hinter der Kerwaleich durch die Ortschaft. Auf einer Leiter liegt eine mit weißen Laken bedeckte und mit einer brennenden Kerze garnierte Gestalt. Am Dorfplatz setzen die „Leichenträger" ihre nicht ganz leichte Bürde ab und schmunzeln über die lustige „Predigt" des Pfarrers.

Wie in Plankenfels, so erweckt auch in Glashütten ein kalter Wasserguß die leblos am Boden liegende Gestalt blitzartig zu neuem Leben.

Mancherorts beschließt ein ähnlicher Trauerzug die Kerwagaudi. Nur wird hier auf einem Schubkarren die „Bierleich", der am stärksten betrunkene Kerwabursch, die sogen. Kerwasau durch das Dorf gefahren. Ein geläufiger, deftiger Ausspruch aus der Bayreuther Gegend schildert treffend das Ergebnis des übermäßigen Biergenusses: „Der hot sich gschbaidt (übergeben) wie a Kerwasau."

Eine, wenn man so sagen darf, „großartige" Kerwabeerdigung veranstalten alljährlich die Frankenhaager im Hummelgau. In einen kleinen Holzsarg legen die Burschen drei wichtige, für eine Kerwa unentbehrliche Utensilien: eine Flasche Bier, ein Kiechla und eine Schachtel Zigaretten.

Die kleinen Blumenkränze, mit denen beim Umzug die Bierkrüge verziert waren, werden nun als Schmuck auf das „Särglein" gelegt. Ein aus rohem Holz gezimmertes, mit Schnaps- und Weinflaschen behängtes Kreuz ist an der Spitze des lustigen Umzuges, dann kommt der „Pfarrer" mit Zylinder und Buch, gefolgt von den Sargträgern und der heulenden und weinenden Trauergemeinde. Den Schluß bilden die „Totengräber" mit Schaufel und „Pickel" (Kreuzhacke).

„Schauerliche Gesänge" und wüstes Trommeln auf alten Heringsdosen sind die musikalische Begleitung dieses nächtlichen „Trauerspiels". Zu allem Überfluß bespritzt ein Bursche aus einem wassergefüllten Eimer mit einer, hoffentlich neuen, Closettbürste die langsam durchs Dorf ziehende Menge. An der Dorfstraße ist ein offenes Loch, in welchem der kleine Sarg begraben wird. Eine lustige „Predigt", fürchterliches Gegreine und tröstender Biergenuß aus den mitgebrachten Krügen beschließen die Feierlichkeiten. Manch zartbesaiteter Zeitgenosse wird von solch derben Späßen abgestoßen, aber die Nachahmung kirchlicher Handlungen hat bestimmt nichts Religionsfeindliches an sich.

Sandkerwa in Bamberg

Bamberger Hörnla, Gmüs und a Bier
backt, baut und braut
kana besser als wir,
und unsern Noma, ja den kennt jeder,
wir sen die Bamberger Zwiefeltreter.

Neben Rauchbier im Schlenkerla, Kleinvenedig in Flammen ist das Fischerstechen auf der Regnitz ein besonderer Höhepunkt der „Sandkerwa" im Bamberger Stadtviertel „Am Sand".

Diese Volksbelustigung im August vor der malerischen Kulisse „Kleinvenedigs" soll erstmals 1498 abgehalten worden sein. In den langen, schmalen Booten sitzt hinten der Steuermann, und vorne im Bug steht der „lanzenbewehrte" Kämpfer. Um mögliche Verletzungen auszuschalten sind die langen Stangen an der Spitze mit einem Pfropfen gepolstert.

Bamberger Fischerstechen

„Kerwasaubeerdigung" in Warmensteinach

Gemeindediener von Kühlenfels

Geschickt werden die „Kriegsschiffe" von den Bootsmännern an den „Feind" heranmanövriert. Die fröhlichen Lanzenträger versuchen, sich gegenseitig vom Boot ins Wasser zu stoßen.

Sie vollführen dabei die unmöglichsten Verrenkungen, um dem „Vernichtungsschlag" des Gegners auszuweichen, ihn zu täuschen und zur Gaudi der Zuschauer im nassen Element zu versenken.

„Kerwasau-Beerdigung" in Warmensteinach

Die lustige Hauptattraktion der Warmensteinacher Kerwa (Ende August) ist am Dienstagabend die feierliche „Kerwasau-Beerdigung" in der Gastwirtschaft „Zum Hans".

Der Kerwaausklang beginnt am Abend mit einer Tanzveranstaltung. Die Kerwaburschen in ihren Lederhosen, weißen Hemden und buntgeschmückten Strohhüten beherrschen mit ihrer biergefüllten Gießkanne die Szene vor dem Lokal. Fleißig geht der „Sprenger" reihum, und das mit Schnaps verstärkte Gebräu zeigt schon bei manchen der bereits „kerwageschädigten" Burschen eine „rauschaufwärmende" Wirkung. Es dauert gar nicht lange, bis der erste Anwärter auf die Kerwasau, von dem umwerfenden Getränk in Morpheus Armen gebettet, unter einem der im Freien aufgestellten Tische liegt. Hinter der Wirtschaft steht ein alter sauberer Brühtrog, und wo sonst das arme Schlachtschwein gebrüht und „enthaart" wird, soll heute die Kerwasau, der am ärgsten betrunkene Kerwabursch, sein unrühmliches, aber feierliches Kerwa-Ende nehmen.

Gegen 23 Uhr hat der viele Alkohol noch so manchen Burschen bös zugesetzt, und es dürfte daher für das „Kerwasaubeerdigungskomitee" nicht schwer sein, ein brauchbares „Objekt" zu finden.

Eine vermeintliche Kerwasau, welche von den noch halbwegs nüchternen Kerwaburschen bereits vorsorglich im Brühtrog deponiert wurde, erkannte rechtzeitig den üblen Zweck des zur Schlafstatt umfunktionierten „Säutrogs" und ergriff die Flucht.

Aber bald liegt eine neue, diesmal schlimmere „Bierleich" im „Sarg" und die „Kerwabeerdigung" beginnt.

Die vom Tanz und Alkohol erhitzten, geröteten Gesichter erhalten durch eine dicke Mehlschicht eine fahle, kalkige Blässe. Umhänge aus weißen, gelben und roten Tischdecken und die buntgeschmückten Strohhüte ergeben eine für diesen Zweck recht festliche Trauerkleidung. Die Teilnehmer an dem lustigen Umzug entzünden jetzt ihre mitgebrachten Kerzen, vier kräftige Burschen lupfen den schweren Holzbehälter mit der tiefschlafenden „Kerwasau", die Bierfahne wird aufgerollt und der „Trauerzug" mit dem pelzbemützten Wirt an der Spitze setzt sich unter getragener Musikbegleitung in Bewegung. Im Tanzsaal angelangt werden einige Runden marschiert, die „Kerwasau aufgebahrt" und die „Trauergemeinde" kniet oder setzt sich auf den Boden. Nur vom Schein der flackernden Kerzen erhellt, erleben die vielen Zuschauer eine feierlich-lustige Zeremonie, deren Höhepunkt in der schon traditionellen „Grabrede" mit selbstgedichteten Verschen des „Wirtspfarrers" gipfelt.

Unter dem Gelächter der jungen Leute und feierlicher Begleitung bewegt sich der Zug wieder ins Freie und löst sich dann auf, die Kerwa ist tot, begraben bis zum nächsten Jahr.

Bamberg: „Am Kranen"

Gottesdienst am Heiligen Bühl bei Wölm

Vom Wiesenttal bei Behringersmühle führt eine Straße auf die Jurahochfläche. Zwischen Wölm und Engelhardtsberg verbergen sich auf einem kleinen felsigen Hügel, rechts im Buchenwald, Reste einer alten Wallfahrtskirche. An der hohen Giebelmauer sind noch einige Balkenlöcher und eine Fensteröffnung zu sehen.

Die Ruinen der letzten an dieser geschichtsträchtigen Stelle erbauten Kirche stammen aus dem 15. Jh. Im 30jährigen Krieg diente den Muggendorfern nach der Zerstörung ihres Dorfes diese dem hl. Georg geweihte Kirche als Pfarrkirche. Obwohl Engelhardtsberg und Wölm zur Pfarrgemeinde Muggendorf gehören, feiern die beiden Juradörfer am Weihetag ihrer ehemaligen Kirche, der sogen. „alten Kirche", das Kirchweihfest. Am ersten Sonntag nach Bartholomäus (24. 8.) wird heute noch der Kirchweihgottesdienst in den spärlichen Kirchenresten abgehalten.

An der Astgabel einer alten Buche hängt ein Kruzifix. Ein großer Tuffsteinbrocken davor dient als Altar. Das dichte, grüne Blätterdach läßt nur wenige Sonnenstrahlen ins „Kircheninnere".

In dieser stimmungsvollen Umgebung, in Gottes freier Natur, untermalt Vogelgezwitscher und das Säuseln des Windes den Gottesdienst.

Kräuterweihe

Im Hochsommer, am 15. August, wenn über den reifen Getreideähren die Luft vor Hitze flimmert, wenn die Natur überall in vollem Saft steht, dann feiern die Katholiken eine schönes, altes Kirchenfest: Mariä Himmelfahrt – richtiger: Mariä Aufnahme in den Himmel.

An diesem Tag findet mancherorts noch die Weihe der Kräuter- oder Wurzbüschel statt. Daß gerade an diesem ältesten Marienfest die Kräuter geweiht werden, geht auf eine sehr alte Legende zurück. Als die Jünger am dritten Tage nach der Grablegung die Tote noch einmal sehen wollten, blühten in dem leeren Grab duftende Kräuter und bunte Blumen.

Dieser uralte Brauch der Kräuterweihe könnte aus einem vorchristlichen Erntefest entstanden sein und aus der Vorliebe der Germanen für heil- und zauberkräftige Kräuter.

In der Fränkischen Schweiz sammeln schon Tage vorher die Kinder, Mädchen und Frauen die Kräuter. Früher sollte der Wurzbüschel 40, ja sogar 77 verschiedene Pflanzen und Blumen enthalten. Heute sind es wenigstens sieben, und die Zusammenstellung ist in jeder Gegend anders.

In der schönen alten Tracht gehen die Bäuerinnen zur Kräuterweihe in die Kirche (Effeltrich, Pinzberg). Neben dem Gebetbuch und dem Rosenkranz tragen sie einen bunten Kräuter- und Blumenbüschel in den Händen, der von einem kunstvoll gestickten Schürzenband zusammengehalten wird.

Getrocknet und unterm Dach aufgehängt dienen die geweihten Kräuter als Blitzschutz. Wenn sie zerrieben und dem Vieh ins Trinkwasser geschüttet oder unters Futter gemengt werden, soll es ein vorbeugendes Mittel gegen Krankheit und böse Geister sein. Nur noch selten räuchern gläubige Bauern in den „12 Nächten" mit den schwelenden, geweihten Wurzbüscheln ihr Haus und den Stall aus.

In Hollfeld beschließt diesen sommerlichen Marientag ein eindrucksvoller abendlicher Lichterumzug.
Die traditionsreiche, früher nachmittags durchgeführte Prozession untermauerte nach dem 2. Weltkrieg Stadtpfarrer Weirather durch ein Gelübde als Dank für die Errettung Hollfelds aus Kriegsgefahr.

Feldrain im Frankenwald

Kräuterweihe in der Fränkischen Schweiz

September Oktober

Donnert's im September noch,
liegt der Schnee an Weihnacht hoch.

Michel zündt's Licht an (29. 9.),
Seppl (19. 3.) löscht's aus.

Auf Schwalb' und Eichhorn
merke bald,
wenn sie verschwunden sind,
wird's kalt.

Fällt der erste Schnee in Dreck,
bleibt der ganze Winter weg.

Wenn St. Egid (1. 9.) bläst ins Horn,
so heißt es, Bauer sä' dein Korn.

Gleicht der Hase einem Pudel,
sucht der Keiler auf das Rudel,
darfst du nun schon sicher sein,
daß es bald friert Stein und Bein.

An Mariä Geburt (8. 9.),
ziehen die Schwalben furt.

Auf St. Gallus (16. 10.),
soll zu Haus' sein alles.

An Ursula (21. 10.) muß das Kraut herein,
sonst schneien Simeon und Judas drein. (28. 10.)

Oktobergewitter
sind Leichenbitter.

Der Weißdorn in Wohnsgehaig

Ballontag auf der Neubürg

Am westlichen Rande des Hummelgaus steht ein markanter Aussichtsberg, die Neubürg. Auf ihrem 587 m hohen, flachen, steinigen Rücken veranstaltet am letzten Sonntag im September die evangelische Jugend einen Ballontag.

Kinderbelustigungen jeglicher Art unterhalten jung und alt. In plastiküberzogenen Ständen gibt es Kuchen, Kaffee, kräftige Brotzeiten und Bier.

Als Krönung steigt ein „Luftballonrennen" mit Hunderten von bunten, gasgefüllten „Miniluftschiffen" in den mehr oder weniger blauen Himmel.

Weißdorn in Wohnsgehaig

Unterhalb der westlichen Dolomitfelsen schmiegt sich die Ortschaft Wohnsgehaig – Wotansgehege – an den windumtosten, geschichtsträchtigen Berg. Hier grünt zwischen den Anwesen der Familien Landmann und Birner jedes Jahr aufs neue einer der ältesten Bäume der Fränkischen Schweiz.

Der Weißdorn, der alte „Hagebuttenbaum", wie ihn die „Wohnsgehager" nennen, soll nach Schätzung eines Naturwissenschaftlers 1200 Jahre alt sein. Die Dorfbewohner hegen und pflegen den knorrigen 3,50 m hohen, 50 cm dicken Baumgreis, und mit berechtigtem Stolz bezeichnen sie ihn als den ältesten Baum Deutschlands.

Erntedankfest

Anfang Oktober klingt das bäuerliche Arbeitsjahr langsam aus. Die Früchte von Wald, Feld und Obstgarten sind unter Dach und Fach.

Überall feiern die Menschen in dieser Zeit das Erntedankfest. Um die Altäre der Kirchen sind die vielfältigsten landwirtschaftlichen und gärtnerischen Erzeugnisse aufgebaut.

Mit einer Prozession vom Ortseingang zur Kirche krönt die Pfarrei Kirchenbirkig ihr Erntedankfest. Fünf mit Erntegaben und Blumen reich beladene Wagen führen den Prozessionszug an. Die vitaminreichen Wagenladungen werden jedes Jahr als willkommene Spende an die Patenkirche in Nürnberg oder ähnliche Institutionen verschenkt.

Erntedank in Mistelgau

Eine stattliche, aus vollen Getreideähren und bunten Blumen gebundene Erntekrone steht alljährlich am Erntedankfest vor der Kirche in Mistelgau.

Zum Gottesdienst erscheinen viele Bewohner, Männer, Frauen und auch manche kleine „Hummeln" in der schmucken Tracht des Hummelgaus. Mit der Erntekrone, die von Trachtenmädchen getragen wird, ziehen sie dann geschlossen zum Erntedankgottesdienst in die Kirche ein.

Blick über die Reifenberger Kapelle zum Walberla

Erntedank in Mistelgau

Kürbisfest in Muggendorf

In den letzten Septembertagen, wenn der Herbstwind über die Stoppelfelder und frisch gepflügten Äcker weht, wenn von den ernteschweren Bäumen reife Äpfel, Birnen und Zwetschgen auf den nebelfeuchten Boden fallen, wenn der Maler Herbst gelbe, rote und braune Flecken in das Grün unserer Laubwälder färbt, dann ist in Muggendorf das Kürbisfest.

Ab 14 Uhr zieht durch den ältesten Kurort der Fränkischen Schweiz ein bunter Festzug. Farbenfrohe Trachten, auf Wagen dargestelltes Brauchtum und verschiedene Musikkapellen geben eine festliche Einstimmung zu diesem besonderen Erntedankfest.

Am Nachmittag ist auf dem Sportplatz der allgemein übliche Bierzeltbetrieb.

Um ein loderndes Erntedankfeuer versammeln sich dort in den Abendstunden die „Kürbisträger" oder „Kürbisfahrer". Von innen beleuchtete, ausgehöhlte, kunstvoll beschnitzte Kürbisse werden stolz von den Kindern getragen.

Manche riesige Kürbisexemplare, von geschickten Vätern mit profihaft geschnitzten Bildern verziert, können von den Sprößlingen nur noch auf blumengeschmückten Leiterwägelchen transportiert werden. Die vielen beleuchteten, großen und kleinen Kürbisse, die vom warmen Feuerschein übergossenen strahlenden Kindergesichter, die gemeinsam gesungenen Choräle und die Festrede sind die stimmungsvollen Höhepunkte dieses wunderschönen Herbstfestes.

Ist das Feuer fast niedergebrannt, bewegt sich der Zug, den das gespenstische Licht der glühenden Kürbisse beleuchtet, zum Marktplatz. Bei Blasmusik, Gesang und einem abschließenden Feuerwerk bilden die jugendlichen Kürbisbesitzer einen großen Kreis und jeder von ihnen bekommt eine Tüte mit Süßigkeiten.

Strohwisch

Manchmal findet der aufmerksame Wanderer auf den Wiesen einen „Strohwisch" auf einer ca. 1 m hohen Stange, den „Hegeschaub". Dieses uralte, aus vorgeschichtlicher Zeit stammende Rechtszeichen verbietet dem Unbefugten das Betreten, Befahren, vor allem das Beweiden des Grundstückes. Nachbarn, Fuhrleute und Schäfer respektieren heute noch das durch den Pfandwisch, Pfandschaub ausgedrückte Weideverbot.

Nach altem Brauch war vom Michaelstag (29. September) ab das Viehhüten auf den abgeernteten Grundstücken erlaubt. Die Gänseliesel, der Ziegenbub, der Kuhhirt und der Bätzenschäfer konnten dann überall ihren Tieren freien Lauf lassen. Nur der aufgesteckte Strohwisch konnte das erlaubte „Abgrasen" verhindern.

Im Übermut und froh über die freie Hut schrien die Hütbuben ihre Sprüchlein über die Wiesen und Felder:

> Michala is vorüber,
> do hüt ma über und drüber;
> kummt der Bauer mit seim Steckn,
> kon er uns am Orsch no leckn;
> kummt er mit der Peitsch,
> no konn er uns kreizweis.

Für die um diese Zeit noch barfußgehenden Hirtenbuben waren die oft kalten, feuchten Herbsttage eine nicht gerade angenehme Kneippkur.

Wenn die Füße gar zu kalt wurden, dann kam es schon mal vor, daß ein Bub zum Aufwärmen in einen frischen, körperwarmen Kuhfladen trat.

Muggendorf

Kürbisfest in Muggendorf

Die Opferwanne nahe Karches

Am höchsten Punkt der Fichtelgebirgsstraße zwischen Bischofsgrün und Karches führt rechts ein schmaler Pfad nach ca. 100 m zur Opferwanne in der Fischerloh.

Der viereckige, wannenartig ausgewaschene Granitbrocken diente unseren Vorfahren keineswegs als Opferstein, wie öfters behauptet wird, sondern hier wurde das aus dem nahen Bergwerksschacht geförderte Erz im Naßverfahren aufbereitet.

Laubfärbung

Die grauen Herbstnebel ziehen, die silbernen Fäden des Altweibersommers glitzern, der charakteristische herbstliche Geruch der letzten Kartoffelfeuer hängt über unserer Landschaft.

Zu den besonderen jahreszeitlich bedingten Attraktionen der Fränkischen Schweiz gehört die herbstliche Laubfärbung.
Um den 25. Oktober ist der Höhepunkt dieser jährlichen Farbensymphonie erreicht.

Nachsommerähnliche, längere Schönwetterperioden lassen den goldenen Herbst mit seinen leuchtenden Gold-, Gelb-, Rot-, Braun- und Grüntönen vor dem tiefblauen Himmel und mit der klaren Luft für viele zur schönsten Wanderzeit werden.

Bis Allerheiligen gehört die Gegend um Pottenstein, Tüchersfeld, Waischenfeld, Gößweinstein, Streitberg und Muggendorf zu den beliebtesten herbstlichen Ausflugsgebieten unserer oberfränkischen Heimat.

Blick zum Gügel bei Scheßlitz

Die Opferwanne nahe Karches

Der Hufschmied in Plankenfels

Einer der urtümlichsten Handwerkszweige war der Huf- und Wagenschmied.

Nach altem Volksglauben stand er im Dienst der Gottheit, weil er mit seiner Hände Arbeit Schwert und Pflug schmiedete und oft Mensch und Tier von Krankheiten heilte.

Die alten fränkischen Dorfschmieden mit ihrem klingenden Amboß, der rußgeschwärzten Esse und dem riesigen handbedienten Blasebalg werden bald verschwunden sein.

In Plankenfels, nahe Hollfeld, steht solch eine typische Dorfschmiede, und der lederbeschürzte Schmied betreibt noch dieses funkensprühende Handwerk.

Ackergäule gibt es nur noch selten, aber durch die verstärkte Reitpferdehaltung ist das Hufschmiedehandwerk wieder etwas belebt worden, und so kommt es gar nicht so selten vor, daß Schmied Linhardt sein selten gewordenes Handwerk ausüben kann.

Unter dem Vordach wird das Pferd angebunden, zuerst werden die alten Hufeisen abgezogen, die Hufe beschnitten, befeilt und dann wird das neue glutheiße Hufeisen aufgebrannt. Mit der bloßen Hand prüft der Schmied jetzt den Sitz des noch glühenden Eisens. Auf dem Amboß bekommt es dann durch klingende Hammerschläge die richtige Paßform. Zuerst werden die Vorderhufe beschlagen, um die gefürchteten Huftritte der eisenbesohlten Hinterhufe zu umgehen. „Unbeschlogn tut's net so weh", versichert der erfahrene Schmied.

Das lederbeschurzte Schmiedsbein dient als Unterlage für den zu beschlagenden Huf. So kann er einen ungünstig gesetzten Hugnagel durch ein Zucken des Pferdebeins sofort registrieren und den Nagel neu einschlagen, denn mit einem falsch gesetzten Nagel lahmt ein Pferd schnell.

Früher, wo das „Pferdbeschlogn" noch eine kräftezehrende Vollbeschäftigung war, kam es öfters vor, daß das „Auflagebein" des Schmieds am Abend angeschwollen war.

Der letzte Nagelschmied in Aufseß

Bis vor kurzem war in Aufseß der wohl einzige Nagelschmied ganz Oberfrankens mit fast 200jähriger Tradition tätig.

Der allerletzte in seiner Zunft, der bald 80jährige Hans Lang, unterbrach manchmal seinen wohlverdienten Ruhestand und fertigte in seiner alten kleinen Schmiede auf Bestellung Nägel an. Dann entfachte der wortkarge, kräftige Mann mit seinem fauchenden Blasebalg die noch schwelenden Kohlen zu neuem heißen Leben. Ein Eisenstab wurde in die lodernde Glut hineingesteckt, „weißwarm", also glühend, wieder herausgezogen und auf dem Amboß mit der Spannvorrichtung und den verschiedenen Nagelmatritzen mit sicheren gezielten Hammerschlägen zu einem Nagel geschmiedet.

Vom Ziernagel mit dem großen Kopf bis zum komplizierten Bergschuhnagel wurde in der Langschen Werkstatt jede Nagelart blauschimmernd und gekonnt hergestellt.

Hoffentlich geht seine einmalige, museale Nagelschmiede nicht der Nachwelt verloren. In unserem Industriezeitalter wäre dieses kleine Stückchen lebende Handwerksgeschichte wert, erhalten zu bleiben.

Bauer bei Weismain

Der Schmied von Plankenfels

Nagelschmied bei der Arbeit

Ein rußiges Handwerk

die letzten Köhler in Oberfranken

Wo sich riesige Waldgebiete ausdehnten, spielte in früherer Zeit das Köhlerhandwerk eine große Rolle. Flur- und Ortsnamen, wie Köhlergraben, Rußbrenner, Pechgraben, Rußhütte usw. weisen auf diesen für die damaligen Eisen- und Hüttenbetriebe und für die Schmiede wichtigen Erwerbszweig hin.

Die beiden letzten oberfränkischen Köhler, Emil Reuther und Andreas Leißner, betreiben ihr uraltes, rußiges Handwerk noch im Frankenwald, hier im Thiemitzgrund nahe Räumlas, und in der südlichen Fränkischen Schweiz in Plech.

Fast zwei Tage benötigt der Aufbau eines Meilers mit oft weit über 20 Ster Holz. Die Scheite werden so um eine in den Boden gerammte Stange gelegt, daß in der Mitte ein Schacht, das Zugloch, offen bleibt. Dann wird der ganze Holzaufbau mit der „Rauhdecke", das ist Rasen, Laub, auch Stroh und Reisig abgedeckt, darüber kommt noch eine Schicht „Kohlstatterde". Jetzt wird der mit Kleinholz gefüllte Zündschacht angezündet und anschließend auch dieses Schürloch abgedeckt. Viel Wasserdampf, den sog. Meilerschweiß, entwickelt der frisch entzündete Meiler. Jetzt heißt es aufpassen, denn der Meiler kann durch diese Dämpfe leicht auseinandergetrieben werden, sogar explodieren, und das Holz verbrennen. In die Meilerdecke gestoßene Löcher begünstigen den Abzug der unerwünschten Dämpfe, aber sie müssen nach dem Schwitzen wieder verschlossen werden, denn sonst brennt der Meiler durch.

Je nach Größe des Meilers muß er jetzt Tag und Nacht – bis zu 14 Tage – kontrolliert werden, Rauch- und Zuglöcher gestochen oder verschlossen, Holz in die Brennkammer nachgefüllt werden. Das Holz des Meilers darf nicht verbrennen, sondern nur verkohlen, aber er darf auch nicht verlöschen, denn sonst war die ganze Arbeit ebenfalls umsonst. Mancher Köhler hat sich schon beim Besteigen die Füße verbrannt oder ist gar in den Meiler eingebrochen und umgekommen.

Nur noch ein Drittel seiner ursprünglichen Größe besitzt der Meiler am Schluß und der Köhler erkennt am blauen Rauch, daß er fertig ausgebrannt ist. Nun wird er „ausgestoßen".

Nachdem die Erdabdeckung entfernt ist, zieht der Köhler mit einem langen Rechen die tiefschwarzen Kohlen auseinander, löscht mit bereitgehaltenem Wasser noch rauchende Stücke und das für sommerliche Grillfeste unentbehrliche Grundmaterial ist fertig.

Dank der heute so beliebten Grillkohle rauchen bei uns im Frankenwald und in der Fränkischen Schweiz die letzten oberfränkischen Kohlenmeiler als beliebte touristische Attraktion, Anschauungsunterricht eines uralten heimischen Handwerks.

Kohlenmeiler im Frankenwald

Weberei im Frankenwald

einstmals ein hartes Brot

In Neudorf bei Schauenstein steht ein besonderes Heimatmuseum, das alte „Thoma-Hans'n-Haus", ein typisches strohgedecktes Weberhaus des Frankenwaldes.

Fast 300 Jahre war es erfüllt vom „diklatsche, diklatsche" und dazwischen dem dumpfen „mm mm", den Arbeitsgeräuschen des Weberschiffchens und des Handwebstuhles.

Generationen von Webern haben hier ihr karges Mahl: Brotsuppe, Pellkartoffeln und „Weberkarpfen" (eingelegte Heringe) in den kurzen Arbeitspausen eingenommen.

Der große Webstuhl mit der abgewetzten Sitzschwarte nimmt den meisten Platz des größten Raumes ein. Zu den für unsere überspitzten Anforderungen armseligen Räumen gehört neben der Webstube noch der Backofen, ein kleiner Keller, der schwarze Räucherschlot, der Ziegenstall und zwei Bodenkammern. Vom ersten Tageslicht bis in die späte Nacht hinein mußten die Weber früher arbeiten, um ihren Lebensunterhalt verdienen zu können. Meistens wurden Waren hergestellt, deren fabrikmäßige Produktion sich nicht lohnte, oder technisch nicht möglich war. Mit dem schweren Huckelkorb auf dem Rücken, den Knotenstock in der Hand und an den Füßen die mit Filz oder grobem Stoff benähten „Tappenstrümpfe" mußte Rohmaterial vom Fabrikanten geholt und fertige Ware abgeliefert werden. Im Winter bei den nicht gerade zimperlichen Frankenwaldschneestürmen waren diese oft stundenweiten Anmarschwege eine höchst beschwerliche Angelegenheit.

Einer der letzten echten Frankenwaldweber, der noch ab und zu hinter seinem Webstuhl diesem uralten Handwerk nachgeht, lebt in Schauenstein. Aus purer Freude an der früher bestimmt nicht gar so beliebten harten Arbeit sitzt er wie eine Spinne im Netz und läßt das Weberschiffchen flink von einer Hand in die andere gleiten, um die Querfäden einzuschießen. Dazu bedient er mit den Füßen die sog. Trittschemel, um abwechselnd einen Teil der laufenden Kettenfäden hochzuheben, wo dann das Schiffchen durchgeschossen wird.

So entstehen heute noch herrliche handgewebte Stoffe und jede Boutique würde die kostbaren Stücke zu sündhaften Preisen abkaufen. Aber er verkauft nicht, die Weberei ist für ihn nur noch Hobby. Ein uraltes Handwerk, das in unserer Heimat in dieser Form ausgestorben ist.

Frankenwaldweber bei der Arbeit

Spitzenklöppeln in Nordhalben

Venezianische Kaufleute brachten wahrscheinlich im 14. Jh. aus dem Orient die Kunst des Spitzenklöppelns nach Italien.

Von hier aus wurde die Klöppelei in allen anderen europäischen Ländern verbreitet. 1903 brachten Einwanderer aus dem Erzgebirge das Spitzenwirken in den nordöstlichsten Zipfel Oberfrankens, nach Nordhalben, wo es sich bis auf den heutigen Tag erhalten hat.

In diesem industriearmen Gebiet wurde das Klöppeln eine willkommene Heimarbeit der Frauen.

1906 wurde die Klöppelschule gegründet, 1907 errichtete die Gemeinde ein eigenes Klöppelschulgelände.

Das Klöppelwerkzeug hat sich bis heute fast nicht verändert. Auf dem Ständer, dem Klöppelbock, ist die mit Heu, Holzwolle oder Seegras fest gestopfte Stoffrolle, das Klöppelkissen oder der Klöppelsack.

Auf gedrechselten Holzstäbchen, den Klöppeln, ist der Faden aufgewickelt, zu dessen Schutz eine Hülse darübergeschoben wird. Nach der Zeichnung, dem Musterbrief, wird auf dem Klöppelkissen gearbeitet. Mit Stecknadeln werden die Fäden auf der Klöppelunterlage fixiert. Leinengarn verleiht der Klöppelspitze beim Ablösen vom Kissen den nötigen Stand und ist deshalb bevorzugtes Klöppelmaterial. Baumwolle oder gar Kunstfasern eignen sich nicht, da sie beim Abnehmen „zusammenkriechen".

Wie man beim Sticken von Stichen und beim Stricken von Maschen spricht, so heißen beim Klöppeln die einzelnen Bewegungsfolgen „Schläge". Zum Klöppeln braucht man nur zwei Bewegungen: drehen und kreuzen der einzelnen Klöppelpaare. Der einfachste Schlag ist der Flechtenschlag, drehen-kreuzen. Es gibt u. a. noch den Leinenschlag, Netzschlag, Gitterschlag, Sternschlag usw.

Das Frankenwaldmuster, kleine stilisierte Fichtenbäumchen, spiegelt den Charakter der Landschaft wider.

Eine herrliche Arbeit, die Mutter Gottes mit Kind, wurde vor mehr als 20 Jahren von einer 14jährigen Schülerin in über 400 Arbeitsstunden geklöppelt.

Diese alte, wunderschöne, wenn auch mühselige Beschäftigung wird von vielen Nordhalbener Schülern freiwillig erlernt. In Abendkursen der Volkshochschule und Urlaubskursen für Gäste wird Erwachsenen die Möglichkeit gegeben, klöppeln fachgerecht zu erlernen und damit die Freizeit sinnvoll zu gestalten. Das Ergebnis sind Brüsseler Spitzen, Erzgebirgsspitzen, italienische Flechtschlagspitzen.

Beim Klöppeln

Geklöppeltes Kunstwerk

Bäuerinnen in Pinzberg

Der Seiler von Pottenstein bei der Arbeit

Echte Seilerhandarbeit

Flößerei im Frankenwald

nur noch für Touristen

Die Flößerei war fast 800 Jahre lang im Frankenwald der Broterwerb vieler Menschen.

Dieser harte gefährliche Beruf hat in den langen Jahrhunderten einen eigenen rauhen Menschenschlag geprägt.

Im Frühjahr warteten die Flößer sehnsüchtig auf Tauwetter, daß die Bäche anschwollen, daß es „aufmachte". Denn dann kam das Hochwasser, die Wehre der Mühlenbetriebe standen offen und bei solch „Freiwasser" brauchten die Flößer den Müllern keinen Verdienstausfall für geschlossene Wehre, für das gestaute, tiefe Wasser zu bezahlen. Die sonnenverbrannten, wetterharten, drahtigen, wortkargen Gestalten, mit dem dünnen Goldring im Ohrläppchen, verstanden ihren oftgebrauchten Fluch „Feuedunnekeil" gar nicht als Fluch. Denn wer mit den langen Flößen die Wehre hinuntersaust, oft bis zum Gürtel im braunen, gischtspritzenden, eiskalten Wasser arbeitet und den Tod stets vor Augen hat, der steht mit seinem Herrgott auf gutem Fuß. Waren die kleineren Flußwehre der Grümpel, Rodach, Kronach und der Haßlach glücklich überstanden, dann mußte an der „Zollschere" in Kronach (es gab auch eine in Wallenfels und Zeyern) der Zoll für das geflößte Holz entrichtet werden.

Die Flöße wurden hier zusammengebunden, manche aufeinandergelegt und weiter ging die Fahrt mainabwärts bis Mainz, auf dem Rhein sogar bis nach Holland. Das Amsterdamer Rathaus soll auf Baumstämmen aus dem Frankenwald stehen.

Monate, oft bis zu einem Vierteljahr dauerte es, bis die Flößer wieder in ihren Heimatort zurückkamen. Dann wurde schon mal im Wirtshaus ein Teil des sauer verdienten Geldes in Bier umgesetzt. In Reih und Glied standen die Flößerhaken vor der Wirtshaustür. Biertrinken gehörte zu den Flößern, und auf ihren gewaltigen Bierkonsum, auch auf der Floßfahrt, angesprochen, kam die fast verständliche Antwort: Wir haben das Bier bei der Arbeit gebraucht, damit das Blut nicht in den Adern gefriert. Ein altes Frankenwald-Sprichwort nimmt auf die wärmende Eigenschaft des Bieres Bezug: „Wu a Brauhaus is, brauchts kann Backoufn, denn Bier is a flüssige Nahrung und wärmt von inna." Ein anderes Flößer-Sprichwort lautet: „Es Lejm ve an Flüoße, hengt oo aane Wieh, und wenn die Wieh zerreißt, nuch is de Flüoße hie!" Die Wieh oder auch Wiede (von Weide) ist ein aus einem Bäumchen gedrehtes Seil, ein wichtiges Handwerkszeug der Flößer. Mit ihr wurden die Baumstämme zusammengebunden. Die Wieh, der Flößerhaken, Anker, Schlaghammer und all die anderen wichtigen Flößerutensilien sind im Flößermuseum in Unterrodach liebevoll zusammengestellt.

Nur noch bei Umzügen und Trachtenfesten sieht man die alte Feiertagstracht der Floßherren. Schwarze Schnallenschuhe, weiße Strümpfe zu den Kniehosen, die mit silbernen Knöpfen verzierte Weste, der Frack aus braunem Tuch, der sog. Schwanzer, das bunte Halstuch und der hohe rauhhaarige Zylinder waren fast ein genaues Abbild der damaligen holländischen Holzaufkäufer.

Die Floßknechte trugen nur eine blaue Schiffermütze und ein buntes Halstuch.

Im Frankenwald gibt es die echte Flößerei nicht mehr. Nur in den Sommermonaten können Interessenten in Wallenfels als Touristenattraktion das „Flößerdiplom" erwerben.

Auf der wilden Rodach kann unter Regie erfahrener „Nachwuchsflößer" vom Startwehr Schnappenhammer fast 5 km bis Wallenfels, auf 10 m langen Flößen, das nasse Handwerk ungefährlich und als Gaudi nachempfunden werden.

Flößerfest in Mainleus

Flößertracht aus Kronach

Floßfahrt bei Mainleus

Wassertaufe – „Gautschen"

In der christlichen Seefahrt erhalten die Matrosen die Äquatortaufe. Schriftsetzer- und Buchdruckerlehrlinge werden nach Abschluß der Lehrzeit seit Jahrhunderten mit dem Brauch der Wassertaufe – des Gautschens – in die Zunft der Gesellen und Meister aufgenommen.

Die Bezeichnung „Gautschen" ist der Fachsprache der Papiermacher entnommen und bedeutet das Zusammenpressen der Papierbahnen zum Zwecke der Entwässerung.

1981 wurde in Kulmbach im Zinsfelderbrunnen am Holzmarkt dieser alte „zünftige" Brauch unter der Führung des Gautschmeisters durchgeführt, der, als Gutenberg verkleidet, in lustigen Versen die Gautschfeier einleitete.

Was wir mit Euch heut zelebrieren,
mit viel Wasser und viel Bieren,
dies ist ein alter Druckerbrauch,
drum machen wir es heute auch.
Wenn naß sein Arsch, dreh er sich um,
wir zähl'n bis drei zur Freud vom Publikum
1 – 2 – 3
Nun hinein ins kalte Naß,
denn das Wasser aus dem Faß
spült den Kummer und den Dreck
langer Lehrlingsjahre weg,
und heraus steigt auf der Stelle
froh und stark der Herr Geselle.
So sei es denn:
Hochwohllöbliche Packer,
waltet Eures Amtes, packt an!

Täuflinge, genannt Cornuten, werden aufgerufen, von zwei Packern ergriffen und nicht gerade sanft vom Schwammhalter auf einen patschnassen Schwamm gesetzt, dann ein paarmal kräftig auf und nieder gewippt, damit der Hosenboden ja richtig naß wird. Jetzt darf der Täufling wieder aufstehen, muß sich umdrehen und tief bücken. Drei kräftige Schläge mit einem großen Kochlöffel auf den eingeweichten, gespannten Hosenboden erzeugen bestimmt kein angenehmes Hochgefühl.

Ein besonders schlauer Buchdrucker wollte die drei derben Schläge durch eine dicke Illustrierte mildern. Von den aufmerksamen Packern wurde aber die schlagmildernde Polsterung entdeckt, unter großem Hallo der Zuschauer aus der Hose gezogen, und nun wurden die drei Schläge zum Leidwesen des enttarnten Hinterteils äußerst kräftig wiederholt.

Aber schnell wird jetzt das heiße Brennen der gequälten vier Buchstaben durch eine vollkommene Wasserkühlung auf eine erträgliche Temperatur reduziert. Von kräftigen Fäusten gepackt, wird der tapfer grinsende Cornute ohne viel Federlesens samt Kleidung kopfüber in den Brunnen geworfen. Aufgeregt zappelnd, schnaufend, prustend und nach Luft schnappend erhält der Täufling nach dem Auftauchen noch einen extra Wasserschwall aus Holzkübeln über den Kopf.

Danach bekommt der gegautschte Schüler der schwarzen Kunst den Gautschbrief ausgehändigt, und nach dem alten Handwerkergruß der Buchdrucker „Gott grüß die Kunst" ist der Täufling in die Zunft der Jünger Gutenbergs aufgenommen.

Der Gautschbrief ist meistens eine humoristisch abgefaßte Urkunde, kein Lehrbrief, sondern eine Art Zunftzeugnis.

„Gautschen" in Kulmbach

November
Dezember

St. Martin (11. 11.) setzt sich schon mit Dank
am warmen Ofen auf die Bank.

Bringt Allerheiligen (1. 11.) einen Winter,
bringt Martini (11. 11.) einen Sommer.

Den Martin (11. 11.) und den Andreas (30. 11.)
sieht man lieber dürr als naß.

Wenn der November regnet und frostet,
dies der Saat das Leben kostet.

Kathrein (25. 11.) stellt den Tanz ein.

Andreas Schnee
tut Korn und Saaten weh.

So hoch der Schnee,
so hoch das Gras.

Dezembermonat warm und lind,
gilt gleich dem ungerat'nen Kind.

Ist's windig an den Weihnachtstagen,
sollen viel Obst die Bäume tragen.

Kalter Dezember und fruchtreifes Jahr
sind vereinigt immerdar.

Novemberstimmung in der Fränkischen Schweiz

Dreschen

Im November ist die Feldarbeit getan und manchmal deckt schon der Schnee eine wärmende Decke über die Landschaft und beendet abrupt die Außenarbeiten.

Ab Martini (11. 11.) gehörte früher vom ersten Morgenlicht bis zur Abenddämmerung das gleichmäßige „tick-tick-tack“, der 2er bis 6er Takt der Drescher zum Winter auf dem Lande, allerdings sollte bis Lichtmeß „ausgedroschen“ sein.

Fast in jeder Scheune erklang der rhythmische Taktschlag der Dreschflegel, die nur aus Holz, Leder oder roher Haut bestanden. Ein heute noch bei uns häufig gebrauchter Ausspruch „der frißt ja wie a Scheinadrescher“ erinnert an den Heißhunger der Drescher nach dieser kräfteraubenden Tätigkeit.

Korbflechterei im Landkreis Lichtenfels

Aus biegsamem Pflanzenmaterial wurden schon zu frühester Zeit Zäune geflochten.

Die Zwischenräume der einzelnen Balken von Fachwerkhäusern, das Gefache, diente mit Weiden- oder Haselnußruten ausgeflochten und mit Lehm verputzt, als billiges, statisches und wärmendes Füllmaterial.

Die Auswahl des Flechtmaterials richtete sich nach den ortsgebundenen Möglichkeiten. Alle biegsamen, zähen Pflanzen oder Hölzer waren zum Flechten geeignet. An den Ufern unserer Flüsse wuchs häufig die Weide, und so wurden daraus die verschiedensten Körbe und Behälter geflochten. Bis in die zweite Hälfte des 18. Jhs. verarbeitete man die Weide mit der Rinde, die sog. Schwarzkorbflechterei. Die vielen Techniken und Formen des Flechtens wurden als „geschlagene Arbeit“ bezeichnet, weil die Vollweide mit dem Schlageisen zu einem dichten Geflecht zusammengeschlagen wird.

Um 1760 begannen die Michelauer Korbflechter geschälte Weiden zu verwenden. Diese Umstellung auf die „Weißkorbmacherei“ brachte einen gewaltigen geschäftlichen Aufschwung.

1773 kam der Michelauer Korbflechter Johannes Puppert auf die Idee, die geschälten Weiden zu spalten und mit seinem selbsterfundenen Hobel zu glätten: ein neuer, später blühender Handwerkszweig, die „Feinkorbmacherei“, war geboren.

Sein erster Korb aus den dünnen gehobelten Weiden ist noch immer unter dem Namen „Puppertla“ bekannt. In Michelau, der „Wiege der deutschen Feinkorbflechterei“, ist eine Nachbildung dieses Körbchens, sowie der selbst angefertigte, berühmt gewordene Hobel des Johann Puppert im Deutschen Korbmuseum ausgestellt.

Am Marktplatz in Lichtenfels, der oberfränkischen Korbstadt, steht der wohl größte geflochtene Korb der Welt. Mit einer Höhe von fast 2,80 m, einer Breite von 3 m und einem Leergewicht von zwei Zentnern dürfte er als Gebrauchsgegenstand fürs tägliche Leben keine Verwendungsmöglichkeit finden.

Auch in manchen Ortschaften außerhalb des Korbflechterlandkreises Lichtenfels, z. B. in Görau bei Kasendorf, in Kohlstein bei Tüchersfeld und in Trebgast wird dieses jahrhundertealte Handwerk noch ausgeübt.

Besenbinder bei der Arbeit

Spinnraddrechsler

Korbflechter

Backschanzenbinder

Wagner

Rockenstube

Ein alter Bauernspruch lautet: „Novemberwind scheut Schaf und Rind." Aber auch bei den Menschen ist dieser graue, naßkalte Monat nicht beliebt. Wer nicht unbedingt ins Freie muß, macht es sich lieber daheim am warmen Ofen gemütlich.

Während der kalten, langen Wintermonate waren die geselligen Zusammenkünfte der Dorfjugend die Rocken-, Spinn-, Hutzn- oder Lichterstuben. Am Kachelofen, bei Petroleum- und Kerzenlicht wurde von den Mädchen gesponnen und gestrickt, die Burschen kamen dazu. Neckereien, Scherze und Gelächter erzeugten die von der damaligen Jugend so beliebte „Rockenstubenstimmung". Vielleicht wäre manche stolze Bäuerin als alte Jungfer gestorben, hätte sie nicht in der „Spinnstubn" ihren späteren Mann „lieben und kennen" gelernt. Wegen der „Ausschweifungen" verboten die fürstbischöflichen und markgräflichen Regierungen wiederholt diese Rockenstuben.

In Busbach existiert noch genug Gemeinschaftsgeist, um diese seltene Gemütlichkeit in alter Form wieder aufleben zu lassen. Sieht man aus dem Dunkel des Novemberabends Frauen und Mädchen mit Spinnrädern unterm Arm und Körben voll Schafwolle zielstrebig in die Wirtsstube gehen, so fühlt man sich um viele Jahrzehnte zurückversetzt. In der warmen Wirtschaft surren die Spinnräder, klappern die Stricknadeln, es wird geplaudert, gesungen und gelacht.

Ist im Laufe von Wochen genug Wolle zusammengesponnen, entstehen daraus wunderschöne Strickjacken und andere kunstvolle Handarbeiten. Manchmal holt ein Bauer, der am Nachbartisch Karten spielt, seine Konzertina und sorgt für zünftige musikalische Untermalung. Die flotten, alten, fränkischen Melodien begleitet ein anderer mit der Mundharmonika. Wenn der Wirt noch auf einem alten Waschbrett den Takt zur schwungvollen Musik schlägt, hält es einige fleißige Frauen und Mädchen nicht mehr, und es wird mal kurz getanzt. Eine Atmosphäre voll Frohsinn und Gemütlichkeit. Lange noch scheint durch die schönen alten Sprossenfenster der Wirtschaft der warme Lampenschein in die frostklare Novembernacht, klingen die alten Weisen und Lieder gedämpft in das wie ausgestorben wirkende Dörflein.

Andreaswecken in Lautertal bei Coburg

Der Bruder des hl. Petrus, St. Andreas, ist der Fürsprecher der heiratslustigen Mädchen. Sein Tag, der Andreastag am 30. November, gilt als Jahresabschlußtag des Kirchenjahres.

In Lautertal bei Coburg erhält an diesem Tag jedes Kind den Andreaswecken.

1761 wütete der 7jährige Krieg. Viele Leute starben in dieser schlimmen Zeit auch an Ruhr und Blattern. Die Eheleute Margaretha und Andreas Ehrhardt aus Oberlauter begruben innerhalb einer Woche ihre 19jährige Tochter und ihren 7jährigen Sohn. Nach der Ortschronik vermachte der leidgeprüfte Vater der Gemeinde einen größeren Geldbetrag. Zum Andenken an ihn soll am Andreastag jedes Kind von Geburt bis Schulentlassung „einen Weck" erhalten, das ist bis heute so geblieben.

In der Rockenstube

Allerheiligen / Allerseelen

Der allerletzte „Altweibersommer" ist endgültig verschwunden. Der graue, neblige, diesige von Regenböen und Schneestürmen gezeichnete „Totenmonat", der November, – Jean Paul nannte ihn „den schlimmsten unter den 12 Brüdern" – beginnt auf den Friedhöfen mit tausendfachem Kerzenschein. Astern, Dahlien, Chrysanthemen und Totenblumen verwandeln die Gräber in ein letztes buntes Blumenmeer.

Der 1. und 2. November, Allerheiligen und Allerseelen, sind dem Andenken der Verstorbenen gewidmet.

Von Papst Gregor IV. wurde 835 das Gedächtnisfest aller Heiligen auf den 1. November festgelegt. Es entstand aus einem gemeinsamen Gedächtnistag der Märtyrer.

Im Jahre 998 führte Abt Odilo von Cluny an den Benediktinerklöstern ein allgemeines Seelenfest zur Erinnerung an die Verstorbenen ein. Mancher alte Aberglaube und manche heidnische Sitte der Totenverehrung lebte bei diesem christlichen Totenfest wieder auf.

Am 2. November – Allerseelentag – dürfen nach altem Volksglauben die armen Seelen das Fegefeuer verlassen und ihre frühere Wohnstätte besuchen. Die flackernden Kerzen und Lampen auf den Gräbern sollen das Auffinden ihrer Ruhestätte erleichtern, Weihwasserspritzer auf die Gräber sollen die Qualen der armen Seelen lindern. Mit Friedhofsprozessionen, brennenden Lichtern und Blumenschmuck ehren die Menschen unserer Tage das Andenken der Verstorbenen.

Martinstag, 11. November

Für viele kleinere Kinder ist der Martinstag ein besonderes Erlebnis. In den Abendstunden dürfen sie mit ihren selbstgebastelten brennenden Lampions am Martinsumzug teilnehmen. Hoch zu Roß reitet in Pegnitz und manchen anderen Orten St. Martin vor der singenden Kinderschar einher. Etwas ältere Schüler führen den staunenden Kleinen am Marktplatz das Martinsspiel vor.

Der heilige Martin, Sohn heidnischer Eltern, lebte im 4. Jh. Die Legende berichtet, daß er als berittener, römischer Soldat die Hälfte seines Reitermantels einem frierenden Bettler geschenkt hat.

Nach seinem Übertritt zum Christentum wurde er Einsiedler und gründete in Frankreich ein Kloster.

Eine andere Legende berichtet, daß sich der fromme, allzu bescheidene Mann in einem Gänsestall versteckte, als er die Nachricht von seiner Wahl zum Bischof von Tours hörte. Das lautstarke Gänsegeschnatter verriet ihn, und so mußte er doch noch den Gänsestall mit dem Bischofsstuhl vertauschen.

Der Brauch, an Martini eine gebratene Gans zu essen, dürfte aber auf eine Art Opferschmaus der Heiden zurückzuführen sein. Die Deutschen, Griechen und Römer feierten an diesem Tag das Erntedankfest. Dieser kalorienreiche Brauch des Gänseessens an Martini hat sich bis heute erhalten. „A Gans is a dumma Vogl, eine is zwenig und zwei san zviel."

In Weismain wird zum Martinimarkt, immer am 21. 11., eine Art Gebildbrot, der Martinswecken gebacken.
Dieses Weißbrot, langgeformt, in verschiedenen Größen gebacken, mit Zöpfen und Schnecken verziert ist eine Weismainer Besonderheit. Einheimische und die vielen auswärtigen Besucher kaufen den Martinswecken gern. In wenigen Stunden sind die Bäckereien ausverkauft.

Herbststimmung beim Staffelberg

Gänseschlachten an Martini

Advent

Die stillste Zeit im Jahr war früher die Zeit vor Weihnachten, die Adventszeit mit den vier Sonntagen. Sie ist seit Gregor dem Großen die Vorbereitungszeit auf das kommende Weihnachtsfest, auf die Ankunft des Herrn.

Der Geruch von frischgebackenen Plätzchen und Lebkuchen, der Duft von Tannen- und Fichtenzweigen sowie brennende Kerzen gehören seit je zur anheimelnden Stimmung dieser dunklen, rauhen Jahreszeit. Der Adventskranz mit den vier Kerzen ist zum Symbol dieser Wochen geworden.

Der grüne Kranz der Mittwinterzeit der skandinavischen Länder kam Ende des 19. Jh. als Brauch im protestantischen Norddeutschland auf, wurde jedoch von der katholischen Bevölkerung in Bayern erst im 20. Jh. übernommen.

Eine unbewußte Sehnsucht nach frischen Blüten und jungem Grün ist wohl der Hauptgrund für das beliebte winterliche Zweigeschneiden. Am Barbaratag (4. 12.) werden Barbarazweige von Kirschen und anderen Obstbäumen, von Forsythien, Flieder, Jasmin und Schlehen abgeschnitten und in der warmen Stube bis Weihnachten zum Blühen gebracht.

Die hl. Barbara, am 4. Dezember in Kleinasien geboren, trat gegen den Willen ihrer Familie zum Christentum über. Nach der Legende soll ihr eigener Vater im Jahre 306 die fromme Christin enthauptet haben, weil sie sich weigerte, weiterhin den alten heidnischen Gottheiten zu opfern.

Nach ihrer Heiligsprechung wurde St. Barbara eine der 14 Nothelfer. Viele Berufsgruppen haben sie zu ihrer Fürbitterin erhoben, z. B. die Feuerwehr, Artilleristen, Glockengießer, Schmiede, Maurer, Zimmerleute und die Bergleute.

Im Gipsbergwerk Döhlau bei Bayreuth und im Silbereisenbergwerk Gleißinger Fels Neubau steht eine Figur der hl. Barbara zum Schutze der Bergleute unter Tage.

In Pegnitz und dem nahen Auerbach, den alten Bergmannsstädten, wird noch heute der Barbaratag mit Gottesdiensten und Fackelzügen in der alten Bergknappentracht festlich begangen.

Nikolaus

Viele Legenden ranken sich um einen gütigen, hilfsbereiten Heiligen, der Bischof v. Myra in Kleinasien war und am 6. Dezember um 350 gestorben sein soll.

Es ist St. Nikolaus, der zur eindrucksvollsten und volkstümlichsten Gestalt der vorweihnachtlichen Zeit geworden ist.

Manches von Fernsehen und Comic-Heftchen „abgehärtete" Kind ist am 6. Dezember, dem Nikolaustag, recht kleinlaut und bangt dem Erscheinen der gabenbringenden, rutentragenden Gestalt mit einer Mischung aus Freude und Furcht entgegen.

In Plech fährt am 6. Dezember der kapuzetragende, bärtige Himmelsbote mit einer Pferdekutsche vor und beschenkt die Kinder. Zur Gaudi der vielen Zuschauer, vor allem der Kinder, wird ein „aufgeklärter" älterer Bub in den Sack gesteckt, der dann grinsend aus seinem warmen Gefängnis herausschaut und obendrein auf der Kutsche mitfahren darf.

„Weihnochtsblätzla“

Weihnachtsgebäck – Springerle

Als besonderes Weihnachtsgebäck haben die Springerle in den letzten Jahren eine regelrechte Renaissance erfahren.

Aus Eier, Mehl, Zucker, etwas Salz und Wasser wird ein Teig gefertigt, der dann mit geschnitzten Modeln ausgestochen, gebacken, bemalt und als begehrter süßer „geschmackvoller" Schmuck am Christbaum aufgehängt wird.

In vielen Ländern gibt es solch verziertes Backwerk, Lebkuchen, Pfefferkuchen, Spekulatius, Marzipan, auch die Pfeffernüsse werden mit den verschiedensten Motiven verschönt.

2500 v. Chr. wurden in Indien und Ägypten schon Backmodeln für die Herstellung des Opfergebäckes verwandt. Die früher bevorzugten Darstellungen auf Modeln, z. B. Pferd, Eber, waren Opfertiere der Germanen. Hahn und Blumen galten als Zeichen der Fruchtbarkeit.

Bäckermeister Manfred Lang aus Bayreuth stellt jedes Jahr noch ein reichhaltiges Sortiment dieses schönen alten Christbaumschmuckes her. Sein ältester hölzerner Modelstock – er besitzt auch welche aus Speckstein, Ton und Gips – stammt etwa aus dem Jahre 1750. Mit viel künstlerischem Geschick wurden die Motive herausgearbeitet.

Der Vielseitigkeit der Modelstockschneider oder -schnitzer sind keine Grenzen gesetzt. Sogar etwas derbere Motive sind am Langschen Christbaum, z. B. eine Mutter „versohlt" den nackten Hintern ihres Sprößlings, oder ein Bauer sitzt, genüßlich sein Pfeifchen schmauchend, mit heruntergelassener Hose auf dem „Donnerbalken".

Herbergssuche

Als Erinnerung an die Herbergssuche von Maria und Josef vor fast 2000 Jahren ist in Büchenbach, Obertrubach, Ebermannstadt und Dürrbrunn in der Adventszeit ein frommer, schöner Brauch noch immer lebendig: das Frauentragen, oder – wie es bei uns heißt – die Herbergssuche.

Kinder oder Jugendliche tragen eine Muttergottesfigur oder ein Marienbild unter Gesang und Gebeten aus der Kirche in ein Haus, die erste Herberge. Dort steht unter dem Herrgottswinkel ein mit Blumen, Zweigen und Kerzen geschmückter Tisch bereit, auf den die Symbolfigur gestellt und dort für eine Nacht beherbergt wird.

Am nächsten Tag darf eine andere Familie in ihrem Haus der Marienstatue oder dem Bild Unterkunft gewähren.

Bis zum 23. Dezember findet die Mutter Gottes immer eine offene Türe und kehrt dann wieder an ihren Platz in der Kirche zurück.

Deftige Springerle

Herbergsuche in Büchenbach

Krippen

Von der Geburtsstätte Jesu in Bethlehem soll der kirchliche Krippenkult nach Rom übertragen worden sein. Die Krippen könnten aber auch aus den geistlichen Schauspielen des 10. und 11. Jh. entstanden sein.

Franz von Assisi feierte das Weihnachtsfest 1223 im Wald von Greccio. In Gottes freier Natur baute er das Weihnachtsgeschehen mit lebenden Tieren auf. Erst seit dem 15 Jh. ist die figürliche Darstellung der Weihnachtsgeschichte in den Kirchen nachgewiesen. 1803 verbot ein Erlaß des churfürstlich-fränkischen Generalkommissariats das Aufstellen der Krippen in den Kirchen.

Aber daheim in den Familien wurden die beliebten, oft künstlerischen Werke religiöser Volkskunst weiter mit viel Liebe und Geschick aufgebaut. Von Generation zu Generation vererbten sich die handgemachten wertvollen Figuren.

Krippe in der „Oberen Pfarre" in Bamberg

In der Oberen Pfarre hat die einzige historische Krippe Bambergs das 22jährige Krippenverbot überlebt.

1825 konnte Pfarrherr Andreas Schellenberger, der Beschützer dieses Kunstwerkes, „seine" Krippe, zwar leicht beschädigt, wieder ans Tageslicht holen.

Diese barocke Kirchenkrippe mit 180 stoffbekleideten, verstellbaren Holzfiguren gehört mit zu den größten Kirchenkrippen Süddeutschlands. Auf einer Fläche von 12,5 × 3 m baut alljährlich Meßner Michael Kager in liebevoller Kleinarbeit ein Stück echte fränkische Volkskunst auf.

Von Anfang Dezember bis Mitte März werden bis zu 14 verschiedene Szenen dieser Bilderbibel – dieses „religiösen Bilderbuches" – für jung und alt von dem Kirchendiener künstlerisch gruppiert.

Die bekanntesten und beliebtesten Darstellungen sind: die Verkündigung, die Herbergssuche, die Geburt Christi, die Anbetung der Hirten, die Heiligen drei Könige, die klugen und törichten Jungfrauen, die Darstellung Jesu im Tempel.

Als Höhepunkt dieses Spiegelbildes barocken, fränkischen Lebens gilt die prunkvolle „Hochzeit zu Kana".
Der Mittelpunkt ist das Brautpaar und die festlich gekleidete Hochzeitsgesellschaft. Der Hochzeitslader mit dem bändergeschmückten Stab darf nicht fehlen. Auf dem Dach spielen die Musikanten. Etwas abseits vom Hauptgeschehen vergnügen sich bei Brotzeit, Bier und Tanz die Mägde und Knechte. Die Bamberger Gärtnersfrauen bieten winziges, echtes Gemüse und echte Früchte in Kleinstformat an. Niedliches Kupfer- und Zinngeschirr steht auf den Tischen. Bäcker, Köche und Handwerker sind bei der Arbeit. Die Bamberger Bäcker haben appetitliche kleinste Brote, Brötchen, Kuchen, Krapfen und Hörnchen gebacken, und von den Metzgern werden die verschiedenartigsten maßstabgetreuen Würste geliefert. In winzigen Gläsern glänzt edler fränkischer „Bocksbeutelwein".

Inmitten dieses fränkischen Volksfestes steht die hohe Gestalt des Herrn, der das Wasser in den sechs Krügen in herrlichen Wein verwandelt.

Hört ihr Herrn und laßt euch sagen . . .

Rauhnächte – Rauchnächte

Heute ist die Zeit zwischen Weihnachten und Dreikönig bevorzugte Urlaubszeit. Im tiefverschneiten Fichtelgebirge erholen sich Kinder wie Erwachsene beim Schlitten- und Skifahren, bei Schneeballschlachten und Eisstockschießen von den Strapazen des weihnachtlichen Kalorienbombardements.

Früher war diese Zeit um die Wintersonnenwende mit den düsteren, kalten Tagen und den langen, sturmheulenden Winternächten mit altem Dämonenglauben und vielerlei Abwehr-, Verbots- und Orakelbräuchen verbunden. In den zwölf Rauh- oder Rauchnächten stürmte nach dem Volksglauben der wilde Jäger mit seinem Geisterheer unter Geheul und Gebraus durch die Landschaft.

Einige der älteren Bauern halten sich heute noch an manche der abergläubischen Verbote.
Es durfte in den Rauhnächten nicht gewaschen werden, schon gar nicht Wäsche aufgehängt, denn sonst gibts „Häut", d. h. ein Stück Vieh geht ein. Brot sollte man nicht backen, weil sonst das Brot fürs nächste Jahr nicht reichte oder häufig schimmelte. Soweit der Backofenrauch zieht, wächst kein Obst. Wer Handarbeiten machte, z. B. strickte, nähte oder flickte, der flickte den Hühnern die „Lege" zu. Das Spinnen verdarb die kommende Flachsernte, und wer Hülsenfrüchte aß, blieb nicht vom Ausschlag verschont.

Als starker Abwehrzauber gegen die bösen Mächte der „Zwölften" diente das Ausräuchern. In einem eisernen Gefäß wurden auf glühenden Kohlen getrocknete geweihte Kräuter von Mariä Himmelfahrt vom Keller bis zum Dachboden durchs ganze Haus und jeden Stall getragen.

Silvester

Dem letzten Tag im Jahr lieh Papst Silvester I., der 314–335 den Stuhl Petri inne hatte, seinen Namen.

Vor fast 500 Jahren schrieb Sebastian Brand in seinem Narrenschiff, daß Silvester und Neujahr eine günstige Zeit für Schatzgraben, Wünschelrutenschneiden und Kugelgießen sei. In dieser Losnacht wollte man schon immer einen Blick in die ungewisse Zukunft werfen. Manche stechen mit einer Nadel in ein Gesangbuch oder in die Bibel und deuten dann aus der aufgeschlagenen Seite Glück und Unglück fürs neue Jahr.

Das klassische, heute noch häufig als Spaß betriebene Silvesterorakel ist das Bleigießen. Durch einen alten ererbten Schlüssel wird flüssiges Blei in eine wassergefüllte Schüssel geschüttet. Aus den entstandenen Bleiklumpen können mit viel Phantasie die gewagtesten Zukunftsvoraussagen herausgelesen werden.

Am Silvesterabend wird in Nankendorf die Schlußprozession der Ewigen Anbetung mit Lichterfest durchgeführt. Hier in dem idyllisch an der Wiesent gelegenen Dörfchen mit seiner schönen Pfarrkirche fehlen die allzu zahlreichen Zuschauer, und gerade das ist der Reiz an dieser kirchlichen Feier.

Gegen 16.30 Uhr ist der Gottesdienst beendet und die Gläubigen schreiten singend und betend hinter dem Allerheiligsten durch die festlich beleuchtete Ortschaft.

Die Lichtreflexe der vielen Feuer und Lämpchen spiegeln sich im Wasser der ruhig fließenden Wiesent. Ein beleuchtetes Kreuz an einer etwas entfernten Felswand unterstreicht noch die besondere Stimmung dieses schönen, stillen Kirchenfestes.

Schlag 24 Uhr knallen überall – wie in ganz Deutschland – in Wohnungen, Gaststätten und Ballsälen die Sektkorken, und im Freien steigt als lautstarke Begrüßung des neuen Jahres ein sündhaft teures Brillantfeuerwerk in den nächtlichen Winterhimmel.

Silvesterschießen und Peitschenknallen sind Überbleibsel aus alter Zeit. Unsere Vorfahren wollten durch lautstarke Abwehr Geister, Hexen und Dämonen dieser Rauhnacht vertreiben und Unheil abwenden.

Das alte Jahr wird ausgeläutet und das neue gleichzeitig eingeläutet. Von manchen Kirchtürmen erschallt feierliche Blasmusik über die Ortschaften. (Hollfeld)

In Glashütten bei Bayreuth findet in der Silvesternacht um 24 Uhr in altherkömmlicher Weise das Neujahrssingen auf der Schloßbrücke statt.
Nach dem Neujahrsläuten wird ein großer Kreis gebildet, die Einwohner hängen sich ein und singen gemeinsam die Lieder „Nun danket alle Gott" und „Im schönsten Wiesengrunde".

In ähnlicher Weise findet ein Neujahrssingen in Effeltrich statt.

Früher hat in den oberfränkischen Dörfern um Mitternacht der Nachtwächter ins Horn geblasen und seine Glück- und Segenswünsche fürs neue Jahr „ausgesungen".

Oberfränkischer Neujahrswunsch:

Ich wünsch eich a g'sunds nei's Johr
Und daß eich werd nix gor:
An Kupf vulla Hoar,
A Stum vulla Bum
Und an Kella vulla Rubn,
A Stum vulla Madla
Und an Kella vulla Hadla, (Buchweizen)
An Stoll vulla Hörna
Und an Budn vulla Körna,
A Säckla vulla Geld –
Und daß eich es ganza Johr nix fehlt.

Inhaltsverzeichnis und Brauchtumskalender

Quellennachweis – benützte Literatur –

Aiblinger Simon	Vom echten bay. Leben	BLV Verlagsges. München Bern Wien
Anger Michael	Diplom nach Floßpartie	Nordbay. Kurier 20. 10. 83
Beitl	Wörterbuch der deutschen Volkskunde	Alfred Kröner Verlag Stuttgart
Eberts Gerhard	Wir feiern das Jahr	Rex Verlag München/Luzern
Frank Alfred	Das Walberla und sein Sagenkranz	Heimatbeilage zum amtl. Schulanzeiger 53/77
Frank Alfred	Weihnachtskrippe eine sichtbar gewordene Äußerung der Seele	Siebenstern Nr. 4/1976
Goldmann Karlheinz	Weihnachten in Franken	Glock u. Lutz Verlag Nbg.
Goldmann Karlheinz	Von Fasenacht bis Allerseelen	Glock u. Lutz Verlag Nbg.
Ofr. Heimatkalender	1974 – 1983	Lorenz Ellwanger Verlag Bayreuth
Heimatkalender für Fichtelgeb. u. Frankenwald	1978–1983	Ackermann Verlag Hof/S.
Höhne Jutta	Spitzenklöppeln in Heimarbeit	Nordbay. Kurier 11. 9. 1975
Hofmann Günther	Die letzte Nagelschmiede im Hollfelder Land	Hollfelder Blätter Heft Nr. 1 v. 1. 3. 78
Keller Hiltgart	Reclams Lexikon der Heiligen u. der biblischen Gestalten	Ph. Reclam Jun. Stuttgart
Kropf Meta	Schlachtfest im Bayreuther Land	Nordbay. Kurier Heimatbote 1/75
Malter Wilhelm	Oberfranken Ost	Glock u. Lutz Verlag, Nbg.
Malter Wilhelm	Oberfranken West	Glock u. Lutz Verlag, Nbg.
Michelau/Korbmuseum	50 Jahre deutsches Korbmuseum Michelau	Prospekt des Museums
Müller I. B.	Die Frankenwaldflößer	Frankenwald Heft 1/74
Mundigl Josef	Bayern Land und Leute	
Nordbay. Kurier	Kirchweihtanz in der Baumkrone	Heimatbote 6/72 ohne Namensangabe
Nordbay. Kurier	Wenn die Maische im Kessel dampft	28. 12. 1976 ohne Namensangabe
Nordbay. Kurier	Schmückt das Fest mit Maien	Heimatbote 5/69 signiert g-z
Nordbay. Kurier	Gäste zechten im Schlafzimmer	6. 5. 82 signiert RS
Nordhalben/Klöppelschule	75 Jahre Klöppelschule Nordhalben	Broschüre der Klöppelschule
Och Franz	Wiedergeburt einer fränkischen Brautkrone	Nordbay. Kurier Heimatbote 4/81
Präcklein Manfred	Spitzenkunst aus der Not geboren	Nordbay. Kurier 25. 3. 83
Raum Ingried	Hausschlachtung auf fränkisch	Nordbay. Kurier Silvester 76
Schreiber Willi	Frankenwaldflößerei	Carl-Link-Verlag, Kronach
Seiffert Hans	Als noch die Meiler rauchten	Heimbeilage z. amtl. Schulanzeiger Ofr. Nr. 23/66
Sieghardt August	Fränkische Schweiz	Glock u. Lutz Verlag, Nbg.
Töpfer Roland	Wo abends noch geklöppelt wird	Nordbay. Kurier 27/28. 9. 80
Wagner Eberhard	Vom Aberglauben in Franken	Glock u. Lutz Verlag, Nbg.
Worschech Reinhard	Fränkische Bräuche zur Weihnachtszeit	Stürtz Verlag, Würzburg
Wunsiedel Verkehrsamt	Wunsiedler Brunnenfest	Prospekt
Wagner Horst	Seit 175 Jahren ist das „Wienerla" in aller Munde	Nordbay. Kurier 13. 6. 80